売れない時代は「チラシ」で売れ！

日本販売促進研究所
佐藤勝人

たった1枚のチラシがあなたの商売を一気に変える！

小さくても巨大チェーンに打ち勝つ販促戦略

同文舘出版

はじめに

私がチラシ戦略について語った『チラシで攻めてチラシで勝つ！』（同文舘出版、２００５年）から早くも6年が経つ。

今でも休みを返上し、北は北海道から南は九州・沖縄まで、地方商業の活性化のために年間１００会場を超える講演や企業向けセミナーをこなし続けている。年間1万人以上の経営者と対峙し、その数は10万人を突破する。

個別指導先は、中小店から大手企業まで、多種多様な業種業態にわたり、販売活性化や商品構成、人材育成、組織論にマネジメント……と、業績アップのお手伝いをさまざまな角度から実践してきた。

もちろん、私、佐藤勝人自身も３６５日仕事に身を捧げる商売人だ。

私が経営するカメラ専門チェーン「サトーカメラ」は、栃木県を本拠地としている。関東の中では一番の田舎と言われている人口２００万人の栃木県は、家電安売り戦争で名を馳せた家電量販チェーンの本拠地であり、その他にも隣県に本店を構える大手家電量販店が入り乱れている。さらに東京から超大型家電店が進出したこともあって、常に激戦の中の激戦地域である。

競合の大手家電量販チェーンは、売り場面積が2000〜3000坪の大規模店。それに比べて、サトーカメラは1店舗の売り場面積は平均約60坪、最大店舗でも売り場面積が200坪という、大手家電量販チェーンにとっては目くそみたいな小さい店ばかりが栃木県内に18店舗ドミナント出店をしている。

しかし、すごいのはここから。「サトーカメラ」は、県内でもペンペン草も生えないような商圏にもかかわらず、一般論ではありえない存在価値を生み出したローカルチェーンなのだ。

大手家電量販チェーンを差し置き、カメラ販売シェア14年間連続で栃木No.1を達成。さらには、カメラ専門店業界売上も14年連続北関東No.1、写真品質コンテスト連続優秀賞受賞という驚異的な数字を残し続けており、全国の地方商業者から注目されているのである。

◉ユニクロの柳井社長も認めたチラシ戦略！

結城義晴氏（アメリカ・コーネル大学リテール・マネジメント・プログラム・オブ・ジャパン副学長）からは、こんなありがたいお言葉をいただいた。

「『想い出をキレイに一生残すために』、そのコンセプト追及のために専門分野に集中特化し、そして、栃木県エリアに絞り込みチェーン展開することによって大手に負けない差異性の経営を具現化した代表である。

私が一番びっくりしたのは佐藤勝人氏の考えはまさに論理的であり、かつ定石通りであるということ。（中略）日本の商業の世界において、佐藤勝人氏の存在は必要不可欠であって、若くてエネルギッシュで一流の経営コンサルタントである」

また、ある会合で、ユニクロの柳井正さんとお話しする機会があった。そのとき、

「佐藤勝人さんのチラシに対する考え方はおもしろい、やはり販促はチラシですよね。チラシは売上が読めるから一番いい。売上が読める媒体はチラシしかないですよね」

と、私のチラシ戦略に共感していただき、大切なヒントをもらうことができた。

それと同時に、私の脳にはふつふつと湧いてくるものを感じた。

自他ともに認める日本一のチラシプロデューサーである私自身がまだまだチラシを侮っていたのではないか、と。

◉たった1枚のチラシで一気に業績を上げよう！

この本を手に取っているあなたが、「チラシ本」に期待することは何だろうか？ファッショナブルなデザイン系からテクニック系、成功事例集のパクリ系まで、みなさんもいろいろな考えがあってチラシ本を買われると思う。

しかし、あなたの店の業績を上げたい、上げ続けたいという想いがチラシ本を購入する一番の理由じゃないだろうか？

しかしながら、せっかくお金と時間をかけて作ったチラシが「はずれチラシ」となってしまう原因のほとんどは、デザインや色の見栄えがよくても、肝心の商品戦略がまったくもって抜けている、ということに尽きる。

商品戦略が間違っていれば、いくらチラシの作り方を勉強しても絶対に「当たりチラシ」となることはない。万が一、瞬間的に売れたとしても、「稼げない」という最悪な経営状況から抜け出せないままではないだろうか？

それなのに、チラシがダメなら別の販促手段……と、他の媒体に逃げてコストを下げたところで、「販促費でコスト減したから稼げた」というのであっては、本末転倒。販促媒体で商品が売れなければ、「商売の基本＝商品を売って稼ぐこと」ができていないという現状は変わらない。

近年、中小店やローカルチェーンがニッチな顧客に向かってニッチな商品を提供する傾向があるが、それでは永遠に成長しない。

ニッチを狙う戦略はあくまでも全国を顧客としたメーカーの論理であって、われわれ中小店は地域のお客様に対して商売をしている、ということを忘れてはいけない。

今回、自らのチラシ戦略を改めて整理してみると、地域で商売する中小店の武器として戦略はさらに深まり、進化しているということに気づかされた。

本書では、「集客商品」で徹底的にお客様を集め、「主力商品」を中心に売上高を上げ、地域シェアをがっちり押さえるという、「佐藤勝人流・新チラシ戦略」を徹底的に解説した。あなたの店から「二大戦略商品」をあぶり出し、ホームグラウンドである商圏内で新たなマーケットを一気に切り開いていく、攻めのチラシ戦略である。

今こそ、本物のエリアマーケティングを見直そうじゃないか。

チラシを通して地域販売シェアNo.1を叩き出し、一気にあなたの商売を変えていこう!

CONTENTS

1章 たった1枚のチラシでエリア最強をめざす！

2章 地域No.1の異常値を叩き出せ！

3章 中小店は全国チェーンを真似するな！

4章 「集客商品×主力商品」で圧倒的な地域一番店になる！

5章 二大戦略商品はライフサイクルで育てていけ！

6章

「集客一番単品×主力一番単品」でシェアを勝ち取れ！

7章 チラシをトコトン活用して現場を変える！

カバーデザイン　新田由起子（ムーブ）
本文デザイン・ＤＴＰ　ムーブ（新田由起子、川野有佐）

1章

たった1枚のチラシでエリア最強をめざす！

01

「チラシではもう売れない」と思っているすべての人へ

本書の読者のみなさんは、**「お金が回らない」→「売らなければならない」→「チラシを打つしかない」**という思考回路になってしまっていないだろうか？

あるいは、チラシは目先の売上を伸ばすだけの販促ツールだと思い込んでしまっていないだろうか？

私は経営コンサルタントとして、週の半分ほどは日本全国津々浦々を飛び回っている。

地方の中小店を視察させてもらうと、いわゆる「シャッター通り」と呼ばれるような商店街に遭遇する。

そうした中小店が倒産する原因のほとんどは、店舗設備が売上に対して高すぎること、

そして、**売れない在庫商品がまだまだ店頭や倉庫に眠っている**ことにある。

中小店の現場を目の当たりにすると、昔の中小店経営者には、利益と資金計算を含めた「利益管理」が普及しなかったのだと痛感する。

その根底には日本の高度成長がある。当時は問屋からの手形決済だったから、商品を仕入れても現金は必要なかった。万が一、商品が売れなかったら、手形決済日までに「特売チラシ」や「激安処分チラシ」を打って、その場しのぎの資金さえ確保すれば、損益はたとえ赤字だったとしても商売は続けることができた時代だったのだ。

◉チラシは単なる瞬間的な集客ツールではない

さらに、その頃の銀行は、土地を担保に運転資金を融資していた。商売の営業損益とはまったく関係なく、土地の与信さえあれば、経営は続けることができたのだ。

そのために高い土地を買って、ろくに経営力や販売ノウハウもないのに、高額の設備投資をして出店する店も少なくなかった。

すると、どういうことが起きるかというと、目の前の売上を得ることが経営の第一目的という状態に陥ってしまうのだ。

そこで**目先の利益を得るために、手っ取り早く「特売チラシ」を打つ**という流れができ上がり、「チラシ」が乱発され、飽和状態となってしまった要因に結びついたというわけである。

しかし、商売の構造は、時代によって変わるということを忘れてはいけない。

長引く不況下で「売れない」状態が続く中、**チラシを瞬間的な集客ツールとしてのみ使おうとする意識はもう変えてほしい**。

それよりも、「チラシ」そのものを革新させ、「チラシ」でさらなる売上を上げていこう。あなたの商圏で、「売れる商品」から「売って儲かる商品」へと商品を育てるための、そして、現場と一体化して経営体質を改善するための武器として、1枚のチラシを使い倒していこうじゃないか。

02 あなたの店はインターネットで明日の売上が読めたか？

現在のように、テレビやラジオ、インターネットなどのメディアを使った多種多様な販促戦略がある中、チラシはアナログな存在だと誤解されがちだ。

特に、10年ほど前からインターネットでの販促がメジャーになってきて、「チラシの費用対効果は適正か？　これからはＩＴの時代だから、最も格安な媒体で、効果的な宣伝をするべきだ」という疑問の声が上がってきたのは事実である。

実際、私も多数のＩＴ関連企業に新しいマーケティング論を聞かされ、ＩＴ志向へとシフトしていった時期がある。

しかし、それはあくまでも彼らの広告収入が欲しいがための、もっともらしいマーケティング戦略もどきに過ぎなかった。

考えてみてほしい。今まであなたの店では、いくらＩＴ関連の設備投資をしてきたか？　そして、インターネットを駆使して十分な売上を立てることができただろうか？

他のマーケティングも同じようなものだ。ほとんどが一時的なブームで終わらなかっただろうか？　あるいは、一時的なブームすら起こせなかったかもしれない。

◉大手チェーンは「チラシが当たる」ことを知っている

結局は、中小店にとって最強の販売促進ツールであるチラシを悪者にして、中小店経営者をターゲットに荒稼ぎしたコンサルタントにまんまと乗せられたに過ぎなかったのだ。

この間に、**あなたの商圏内の新規客を大手チェーンに、チラシ販促で根こそぎ持っていかれた可能性は低くない**。

逆の見方をすれば、われわれ中小店が一斉にチラシから遠ざかり、自分の商圏内の新規客を開拓することを忘れた「空白の10年間」だったのだと私は思っている。

大手はその間チラシを打ち、新規客を集め、リアル店舗で商売をするという、実に王道のチラシ戦略によって成功している。

なぜか？　それは、「チラシは当たる」からである。

一方、中小店の多くは、チラシが当たらなくなったのは、もう古い販促方法だからだと考えているのが問題だ。それでは売れるものも売れなくなってしまう。

03 中小店こそチラシの役割を知るべきだ！

チラシは、そんなに遅れた手法なのだろうか？

それにもかかわらず、新聞には山のように折込チラシが入っている。毎日毎日、よくもこんなにチラシが入っているものだと、あなたも一度は思ったことがあるだろう。

チラシはそのまま見ないで捨てられてしまう？　しかし、**そんなのはチラシに限ったことではない**。

毎日テレビやラジオではたくさんの番組やＣＭが流れているが、私たちは一体そのうちの何％を見たり聞いたりしているのだろうか。

もちろん、インターネットだって同じことだ。ホームページからの新規客はこの10年間で何倍増えたか？　自店のホームページは1日何件アクセスされているか？　そのアクセス数とあなたの店の売上は比例しているか？　その効果はどのくらいか？

いくらホームページは低予算だといっても、あなたの店にとって業績向上の成果が現れなければ、われわれの商売はあがったりだ。

いくらインターネットが維持管理費が安いからといっても、チラシ販促のように集客や売上という効果が見込めなければ無意味である。

◉中小店こそ「攻め」のチラシが必要

そもそも、インターネットとチラシでは、その販促効果はまったく異なる性質のものだということをあなたは理解しているだろうか?

インターネットではたいてい、ある商品に興味のあるお客様が、その商品名で検索をして購入する。つまり、お客様が欲しい商品の情報だけしか見てもらえないということであり、相手主体の「守り」の媒体だということだ。

一方、チラシは興味がないお客様にも情報を提供できる。ということは、衝動買いをしてもらうチャンスがあるということである。つまり、**「攻め」の販促**がかけられるのだ。

販促戦略において、チラシをインターネットとすり替えて考えること自体が間違っている。チラシの代役がホームページというわけでは、決してないのである。

04 たった1枚のチラシで売上を伸ばし続ける！

チラシは継続的に打たなければ、大きな効果を得ることはない。それだけにマンネリに陥りやすいというのが現状かもしれない。

また、チラシから発信される情報は、「セール」「特価」「激安」などといったお客様にとって「お買い得商品」が中心だ。

「売上が厳しそうだな」と思ったら、そうしたイベントを企画してチラシを打ち、目先の売上をとりあえず確保する……というのが当たり前になっていて、麻薬のようにチラシを打ち続けている店も少なくない。今さらチラシ戦線から撤退することは難しく感じる店も多いことだろう。

一時期は、マンネリに陥ってしまうために、デザイナーや販促専門家に依頼して製作した、イメージ中心のイベント集客型チラシが流行したものだ。

だからといって、**チラシは麻薬なんかではない**。

チラシをくり返し打っているにもかかわらず、チラシが当たらないのは、チラシを作るあなた自身がマンネリ化していることに問題がある。

決して、チラシという販促媒体そのものが効果が低い、ということではないのである。

チラシ販促をやめるということは、あなたの店の発展を放棄するのに等しい。それだけチラシと、チラシの中身である商品は会社にとって、店にとって命なのだ。

それを自覚してチラシを作成している店なら、チラシを前向きに打ち、売上を伸ばし続けているはずだ。

◉売れないからといって逃げの姿勢になるな！

では、どんなチラシを作ったら、売れるのか？　売れるチラシ作りとは、とにかく「商品選び」に尽きる。

もちろん、デザインや色使いも、お客様の目を引くためには重要だ。しかし、私の経験則から言うと、デザインや色使いは売上の増減にあまり関係ない。デザインや色使いやセンスは二の次でも売れる、ということだ。

断言しよう。

売れないチラシの根本的な原因は、99％商品戦略ミスにある。

だから、この本に関して言えば、一般的なチラシ本に書いてあるデザインや色使いなどに関しては、ほとんど書いていない。

それは他の本から学んでいただくとして、本書では、モノが「売れる」「売れない」根本的な原因である商品戦略を軸に、チラシを通して、どの商品をどの地域で、どのお客様にどう売って繁盛していくか、といったチラシ戦略について徹底的に説明している。

売れないからといって、安易にイベントや割引率に逃げてはいけない。

激安セールなどのイベントに頼った集客ではなく、**あなたの店の商品を最大限に活かしたチラシでお客様を呼び込み、店舗で商売をしていくことが、チラシ戦略の王道**だ。

「商品本位」でトコトン突き詰めた、たった1枚のチラシで、地域一番店をめざそうじゃないか！

05 チラシはあなたの店のすべてだ！

チラシは、一つひとつの商品の内容をお客様に伝える媒体だ。

つまり、**その店の商品力をそのままチラシに反映する**ということなのだ。

当然、「商品そのものに関わっている人」「商品とお客様の関係を知っている人」「いくらなら売れるのかを知り尽くした人」がチラシを製作したほうが、絶対に売れる。

逆に、商品を知らない人が製作するチラシは、お客様のニーズからかけ離れてしまうだろう。

サトーカメラのチラシは、経営者である私はもちろんのこと、商品部、各店長とアソシエイト（スタッフ）、印刷会社、デザイナーと一緒になって作っている。商品と現場とお客様を知っている者たちが、たった1枚のチラシ作りに必死になって携わっているというわけだ。

商品を知っている人がチラシを作れ！

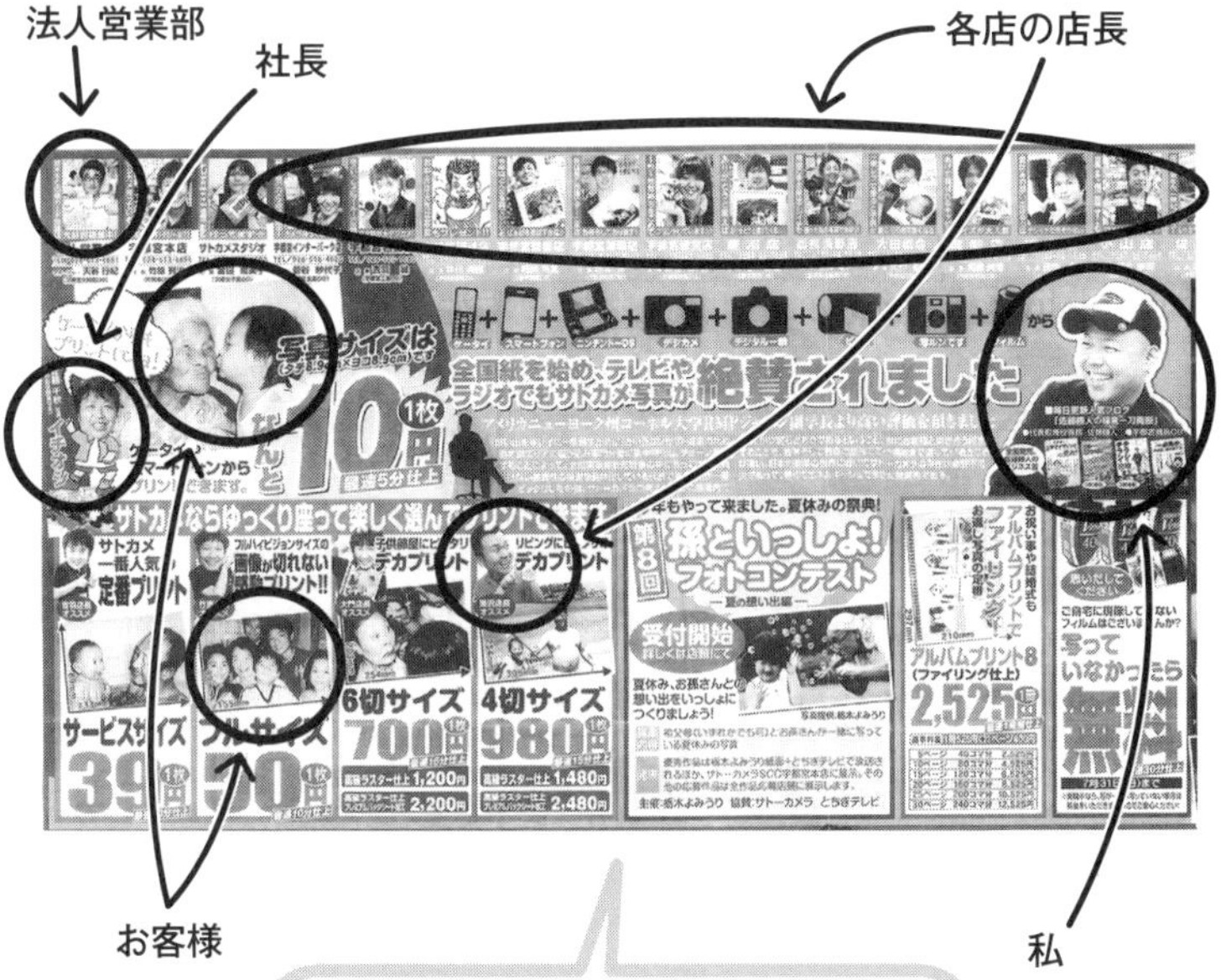

経営者と現場のプロが結集して作ったサトーカメラのチラシには経営者、店長、社員、お客様が総出演している

チラシとは、そうやって商品を中心にした現場のプロフェッショナルたちが総合力を発揮するものでなければならない。

そうでないチラシは、無駄遣い以外の何物でもなく、すぐに淘汰されていくだけだ。

サトーカメラにとっても、大手家電量販チェーンが乱立する日本一の激戦区の中にあって、チラシ戦略は最高の武器だ。

商品政策から地域密着型のエリアマーケティング、そして現場での活用法、社内の情報の共有化などを、たった1枚のチラシを通して行なっている。

「商品」と「現場」を一体化させることで、最強の地域密着型マーケティングを実践するための中心的役割を果たす唯一無二のツールなのである。

1枚のチラシには、店の命運がかかっていることを忘れないでほしい。

チラシは**経営者・社員・売り場・商品・お客様**をつなげる販促媒体だ。われわれ中小店にとって、チラシほど経営の核となるツールはないのである。

◉不況の今こそチラシで攻めろ！

それなのに、いまだに勘違いして、チラシを重視していない中小店経営者が多いのは大

チラシほど経営の核となる販促手段はない

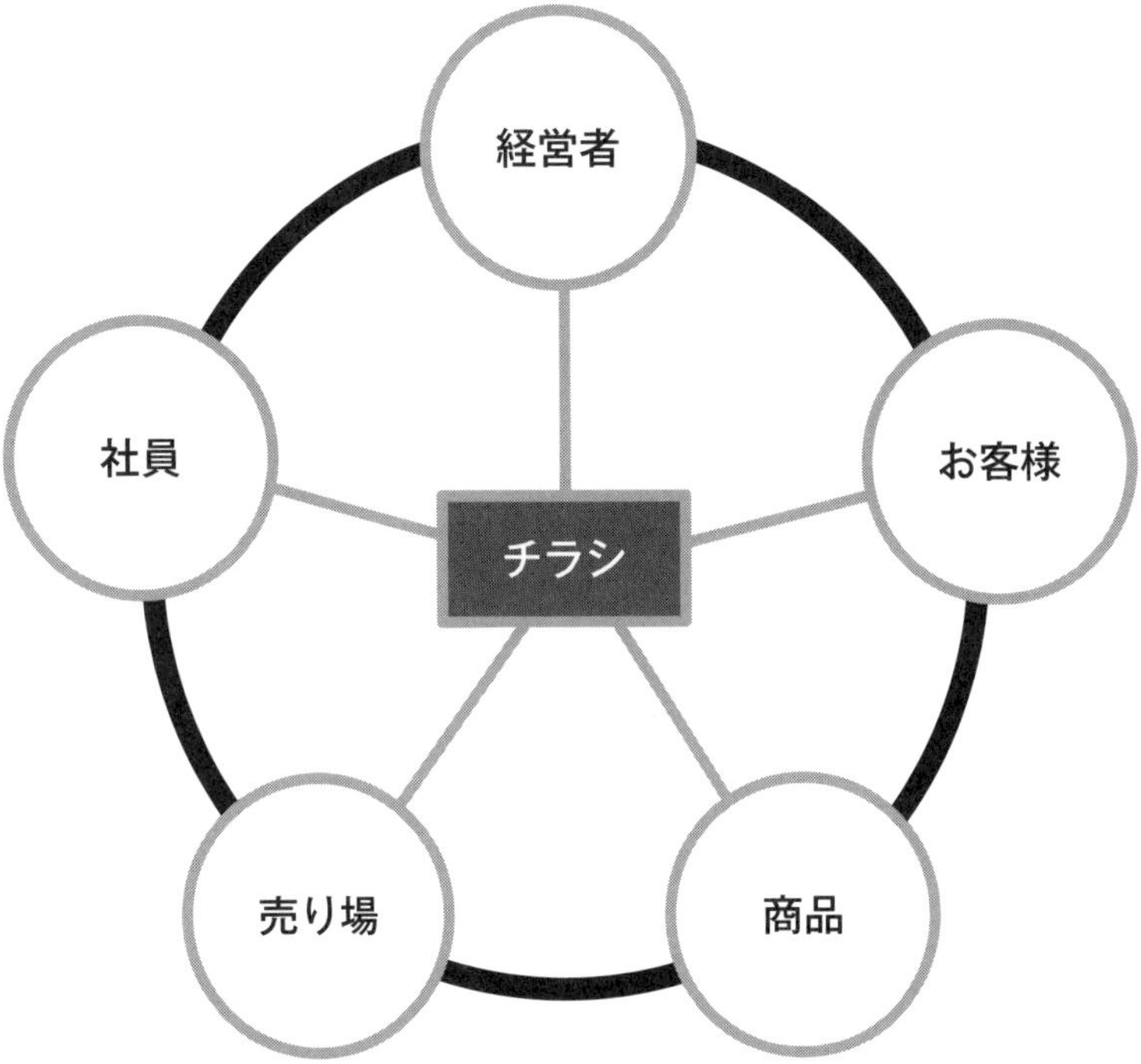

「商品」と「現場」を一体化させるチラシ戦略で
最強の地域密着型マーケティングを実現できる！

変残念なことだ。

もう一度聞く。あなたの店は、インターネットのおかげで業績がアップしたか？

あなたの店には新しいお客様が増えたか？　素晴らしい上得意様は倍増したか？

なぜ、あなたの店は定石通り進んでいるのに年々集客が減少し続け、また業績が縮小し続けているのだろうか？　それは環境の変化による自然減だから仕方ないなどと思ったりしていないだろうか？

われわれは、常に新規客を増やし続けなければならない。

新しいお客様を取り込んでいかない限り、店はマンネリ化し、お客様も飽きてしまう。それが業績を悪化させ、縮小していった最大の原因なのだ。

水が水たまりと化せば淀み、そして腐ってしまうのと同じである。

特に、不況の今、次世代の新たな市場を開拓していかなければならないのは、当然のことだ。中小店が地域に根ざして商売することの大切さを改めて認識し、そのうえで新たな顧客の創造のために、新たな価値の創造をしていかなければならない。

もちろん上得意様育成も重要だが、常に新規客も集客していかないと、われわれの商売そのものも凝り固まってしまう。

それは企業としての永続的な発展がなくなるということなのだ。

上得意客を守り育てながら、常に飽きられないように進化させ続けること。そして、常にその商品を深化させながら、**新たな価値を見出し、新しい客層を広げ続ける**こと。

それが永続的に発展する店の姿なのだ。

その価値を最大限に表現できる販促手段こそ、チラシなのである。

同じ商圏・同じ商品でも、新たな価値を打ち出せば、新たなお客様を集客できる。

本書を読み進めることで、たとえ顕在するマーケットでは衰退商品だったとしても、潜在するマーケットが3倍も5倍もまだまだ眠っていることに気づかされるだろう。

新しいお客様層に向けて、トコトン価値をアピールしていこうじゃないか。チラシであれば、**店の商品力をタイムリーに、そしてエキサイティングに表現できる**。

どんなに新しいツールが生まれようが、チラシ以上にあなたの商勢力のすべてを活かせる販促媒体はいまだに存在していない。新たなマーケットを切り開き、地域で集中的に展開していく攻めの姿勢こそ、チラシの最大の役割なのである。

それでは、次章から徹底的に、佐藤勝人流チラシ戦略について説明していこう。

佐藤勝人の
チラシで喝！

我々の最大の武器
人間と商品だ

2章

地域No.1の異常値を叩き出せ！

01

商圏内で異常値を叩き出せ！

ある地方の会社の社長を訪問したときのこと。

社長は買ったばかりの大きな家庭用冷蔵庫を見せてくれた。私はその冷蔵庫を遠慮なく開けさせてもらった。

すると、その冷蔵庫の中に1kgくらいの大きなプラスチックの容器に入った「あんこ」が入っていて驚いた。年末年始の時期であれば、誰でもあんこ餅やお汁粉など察しはつくとは思うが、私がそれを見たのは真夏日だったのだ。

このあんこはどうするのかと聞くと、社長は「普通に食べますよ！」と答えるではないか。こんなに大量のあんこが、味噌のように一般家庭の冷蔵庫に入っていることはなかなかない。さらに詳細を聞くと、「佐藤さん、この辺りでは当たり前ですよ。朝食に、トーストにあんこをたっぷり塗って食べるんですよ」とのことだった。

早速、近所の小さなスーパーマーケットへ出向き、店長に話を聞いてみると、10年くらい前から店頭であんこを山積みして売ってみたのだという。

「朝食のトーストにはマーガリンよりも、あんこのほうがおいしいし、体にいい」と打ち出して、10年間売り続けているそうだ。

それまで、この地域であんこトーストを食べる習慣が特にあったわけではない。この一地方の、一商圏において、小さなスーパーマーケットがあんこの新しい価値を打ち出し、広がっていった成果なのである。

店長に店の実売実績を聞いたところ、その町内におけるあんこの月間消費量は全国平均の5倍以上もあった。これはまさに**「異常値」**だ。

全国規模で、あんこの消費量を1％でも伸ばそうと考えたら、私だって「少子高齢化や、洋菓子の台頭により、あんこの需要は年々目減りしているため、今後消費量を伸ばすのは厳しいでしょう」と答えざるを得ない。

しかし、県内、市内、町内というように商圏を小さく絞り込めれば、**日本一レベルの「異常値」を、たった1店で叩き出すことができる**のだ。

◉異常値によって新たなマーケットができる

私の地元、栃木県宇都宮市は餃子の街で有名だ。どこへ行っても「佐藤さんは餃子を毎日食べるのですか?」と聞かれるが、当然、実際はそうではない。

なぜ宇都宮が餃子の消費量が多いのかというと、宇都宮の数店舗の餃子屋が異常値を叩き出したからである。

国内産の材料を使い、添加物も防腐剤も一切入っていないジューシーで胃にもたれない宇都宮の餃子が、一般的な餃子のメインターゲットである20~40代から、50~80代の客層にまで支持されていった。

その結果、餃子の消費量が全国平均よりも数倍多くなり、「餃子の消費量No.1=餃子の街・宇都宮=宇都宮の食文化」という新しい価値を生み出したというわけである。

宇都宮の餃子は、大手メーカーが作る冷凍餃子よりも手間も材料費もかかるため、2~3倍高い価格帯だが、それでも商圏内では圧倒的に支持されている。

このような中小店やローカルチェーンは全国には多数ある。あなただって例外ではない。あなたの商圏内で、**あなたの商品が「異常な販売量」を叩き出せば、新しいマーケットを創り出すことができる**のである。

本章からは、この異常値を叩き出すためのチラシ戦略について具体的に説明していこう。

02 目の前のお客様に徹底的に売りまくれ！

ニュースや新聞などでは「時代は消費の二極化だ」と言っているが、それはあくまでも「マス」で捉えた大手企業の視点にすぎない。

本当に、100円ショップやファストファッションのような大手チェーンか、超高級品ばかりを扱うような高級ブランドしか存在していないのだろうか？　本当に、そういう商品しか売れなくなってしまったのだろうか？

実際、私が日本全国を回っていていても、各地域でそんな二極化現象は起こっていない。

結局、**大手メーカーや大手チェーンの「全国的に売る」ための戦略を、中小店までもがマネてしまっているだけだ**。日本にはまだ本気でエリア戦略を考える店が少ないと痛感している。

大手チェーンのすごいところは、何と言ってもそのバイイングパワー。大手チェーンの量産体制・物流力・調達力は中小店が太刀打ちできるものではない。

大手チェーンの価値は、日本全国どこへ行っても、最低限の品質が保たれ、標準化されたオペレーションで質もサービスも安心だというところにある。

戦後、この新しい価値を生み出し、マーケットを創出したのが、1000店舗のナショナルチェーンを作り出そうという、「チェーンストア理論」だ。

大手チェーンは「商圏内における販売シェアを10％押さえれば十分」であるため、効率よく「お客様が求めている商品＝全国的に売れる商品」だけを追及すればいい。

そのため、国内の動向や世界経済を分析し、3カ月後、半年後、1年後、3年後と、「こういう商品が売れるだろう」という予測をし、製作・販売計画を立て、商品を調達する本部主導型の戦略をとっているわけだ。

つまり、全国的に「売れる商品」は、大手チェーンや大手メーカーによって〝作られたもの〟だったと言えるだろう。

◉あなたは大手チェーンに勝てるのか？

しかし、多くの中小店やローカルチェーンは、全国のお客様を相手にしているわけではなく、顔もわからない不特定多数のお客様を想定して売れる仕組みがあるわけでもない。

ここでもう一度、いまだに大手チェーンの後追いばかりしている中小店に問いたい。


「あなたは大手チェーンを作りたいのか？」


大手チェーンのように、全国的に「売れる商品」の追求をしていけば、全世界を相手にした商品力や調達力の勝負になってきてしまう。

中小店やローカルチェーンが全国チェーンのものまねをしても、とうてい太刀打ちできないのは自明の理だ。


私はよく「うまいか、まずいかは何で決まるか？」という話をする。

私は大手チェーン店の惣菜をあまりうまいと思ったことがない。逆に、地方に行ったときに行列ができるお肉屋さんのコロッケの実にうまいこと。

それは、肉を市場で自ら仕入れてきて、朝から肉をミンチにし、自分の手でこね、1個1個手作りだからだ。そのため、多くても1日に500個しか作れない。

大手チェーンとしては当然、1時間に200個の手作り作業よりも、オートメーションの工場で1時間に2万個作るほうがいいという論理になるだろう。

だが、それはあくまでも大手チェーンの考え方だと私は思っている。

お客様にとってそのコロッケがうまいか、まずいかの判断基準は、全国的な販売量ではない。あなたが大手メーカーや大手チェーンではない限り、めざすべきは全国的な販売量ではないのである。

◉商圏内で断トツNo.1をめざせ！

1章でも述べたように、われわれ中小店やローカルチェーンは自分の商圏内で売ることが商売の目的であり、目の前のお客様に対して「どうやって売るべきか」「どうやって買ってもらうべきか」を考えることが王道であり、正攻法である。

あなたの店が大手チェーンと同じように、全国的な販売量をめざす必要はない。

中小店が売上を伸ばすには、**あなたの商圏の中であなたの店を徹底的にメジャーにすればいい**のである。

「あなたの商圏」とは、町内でも、市内でも、県内でも、そこであなたの店が圧倒的に支持を得られる範囲を示す。その中で、あなたの商品やサービスをダントツのメジャーに育て上げなければならない。

というと、「扱っている商品は既製品だし、日本全国どこでも同じ商品だから無理……」

という声が必ずあがるが、決して無理なことなんかではない。

私の場合、商圏である栃木県は、関東の外れにある人口約200万人の商圏だ。すでに述べた通り、私の商圏は、大手チェーンが展開する地方の激戦区。栃木県が本拠地の家電量販店Kが19店舗展開しているのをはじめ、隣の群馬県を本拠地とする日本一の家電量販店Yが8店舗、茨城県を本拠地とするKが9店舗、さらに東京から巨艦店Yが1店舗……という中で、サトーカメラはそれらの超大手家電量販店を差し置いて、デジカメの栃木県内販売シェア26%以上を押さえている。

一番小さな店が、コンパクトデジカメ部門の販売シェアを一番押さえている、というわけである。現在はさらに、一眼レフカメラは県内販売シェア50%以上、デジタル写真プリントでも40%以上を誇っている。

心配することはない。私だって1つの部門の中の1つの商品を、ひたすらチラシで打ち出して売っていくことから始めた。

まずはチラシを通して、**1つの商品の販売シェアを、あなたの商圏内でダントツにしていく**ことからスタートしよう。

03

あなたの店だって大手チェーンに勝てる！

競合ひしめく中、サトーカメラが、なぜ商圏内の市場シェアを押さえ、異常値を叩き出すことができたのか？　それは、地元商圏に絞り込み、その小さな商圏エリアに全資源を集中特化しているからである。

サトーカメラは当初、1店舗60坪の売り場面積の中で、テレビやパソコンなどカメラ以外の電化製品も扱っていた。

しかし、思うように売れなかった。今から思えば、1部門で2～3種類の商品しか品揃えしていなかったのだから、結果は当然のことだった。

そこで、自店の強みを生かして部門商品を集中特化して売ることを決意した。店はどうあがいても売り場面積が60坪しかないのだから、すべてカメラコーナーにしてしまえ、というわけだ。

口で言うのは簡単だが、地域で商売をしている私だって**商品を絞り込むことは非常に怖かった**。単純に絞り込めば、売上は落ちていくだけだからだ。

基本的にカメラコーナーの売り場面積は、小売業世界№1のウォルマートでさえ約50坪、日本の大手家電量販チェーンは約30坪くらいが平均だ。売り場面積は、売上構成比によって決まるのだから、当然と言えば当然だ。

しかし、サトーカメラの強みは、他でもない、カメラ。1店舗におけるカメラコーナーの売り場面積だけは、どんな大手が出店して来ようが絶対負けないようにしようと決めた。まずは自分の商圏で、誰にでもできる1部門の売り場面積の大きさで勝つこと。それが私の最初の自信につながっていったのだ。いまだにそれが地域で商売する商人として一番うれしかったことである。

「想い出をキレイに一生残すために」

これがサトーカメラの使命だと思って、カメラという1部門に集中特化して商売をしてきた。

写真に対する常識を変え、地域のありとあらゆる人々に想い出を写真に撮る喜び、みんなで写真を見る幸せ、後世に写真を残す感動を提供する。そのために一人でも多くの地域の方々に、写真を1枚でも多く残してもらいたい。

この使命を本気で実践している会社は、われわれの業界では他にはほとんど見当たらない。そこには**お客様を「ただの売上」と見るか、「大切な友人」として付き合うか**という違いがあると思っている。

◉1部門で勝負すれば大手チェーンにも勝てる！

私たちのような中小店やローカルチェーンにとっては、地元の顔の見えるお客様、声の聞こえるお客様と向き合い、そこで改善・改良・改革・革新を重ね続けることに意義がある。

基本的に小売業はメーカーのブランド競争とは異なり、「地域間」での競争だ。

確かにメーカー的戦略で考えるならば、競争相手の企業規模が10倍も20倍も大きければ、競争は避け、隙間を狙うニッチ戦略をとることができるだろう。

しかし、われわれ店舗での商売は、地域のお客様をめぐる1店舗対1店舗の戦いなのだ。

企業力全体で考えたら、大手には到底敵わない。しかし、心配はいらない。小売業においては、店舗対店舗、1部門対1部門、店長対店長、チラシ対チラシ……そう、**1対1の戦い**なのだ。

いくら競争相手が大企業でも、相手がいくら全国に100店舗も200店舗もあったとしても、100店舗対1店舗ではないということだ。

地域のお客様にとっては、目の前の1店舗、1コーナー、1枚のチラシにすぎない。お客様は株価や店舗数で店を選んでいるのではないのである。

また、大手チェーンの1部門の販売量は全体で換算すれば膨大だが、1店舗ごとに換算すれば思ったほどの販売量があるわけではないのが現状だ。

1店舗1部門ごとに販売量を換算すると、商圏内では中小店やローカルチェーンと何ら変わらないか、もしかするとわれわれのほうが販売量が多い場合だってある。

だから、われわれも商圏内では、相手が大手チェーンだろうが真っ向勝負で戦える。

中小店にとっては、その1部門の1アイテムこそ、商売の使命であり、命の次に大切な商売道具なのである。

ところが、大手チェーンにとっては、100以上も超える多部門の中の1部門にすぎず、結局は地域のお客様に対してもそこまで思い入れもないのが現実だ。

大手であるにもかかわらず、自社よりも格下の、それも地域のローカルチェーンや中小店と全力で戦うと思うか？　たとえ戦って勝ったとしても何の功績にもならない。余計なことをして粗利を下げたり、万が一失敗でもしたら、上司や本部に怒鳴られるだけだ。

それよりも、商品が売れなければ、売り場を縮小するだけ。これが大手チェーンだ。

だから、われわれは大手が売り場を縮小するまで、あるいは大手チェーンの1店舗がその1部門から撤退するまで、**強みの部門の1アイテムで大手に真っ向から戦いを挑んでいこう**。

まずは、あなたの商圏において、あなたの商品を育て、販売の革新を起こすべきだ。それが、自分の商圏を守り続けることにもつながる。

地域のお客様視点で考え、実践したその結果、この小さな商圏において誰にもできなかったような革新的な販売シェアをもたらすことができるはずだ。

04 「品揃えがいい＝品数が多い」ではない！

商品には、「売れる商品」と「売れない商品」がある。

1章で「チラシ＝店のすべて」と言ったが、実はチラシも同様だ。品揃えをきちんと考えていないと、チラシに「売れない商品」まで掲載してしまう。その問題の大きさに、どれだけの人が気づいているだろうか？

チラシのスペースは限られている。その中で、「強みの部門の1アイテム」だけを厳選して、効果的に載せていかなければならない。

基本的にお客様は「売れる商品」しか見ていない。

ところが、私たち売っている側はそれらの商品を**チラシ上でも、売り場でも、陳列棚にでも、平等に扱ってしまっていた**のである。

一般的な小売業の現場では、90日に1個しか売れないような商品が売り場全体の20〜40

%を占めているところが多いはずだ。それが他の「売れる商品」と同様に、同じスペースで、平等に扱われているわけだ。

つまり、お客様にとっては買いたくもない商品が目の前を邪魔しているということ。お客様がせっかく来店してくださったのに、**買いたい商品に気づかなかったり、買いたい商品になかなかたどり着けない**という問題が起きているのだ。

この現象は売り場の陳列棚だけでなく、チラシの紙面上でも、同じことが言える。「売れない商品」がチラシの紙面全体で30％以上も賑わしているおかげで、いくらお金をかけて作ったチラシでも、お客様にとっては魅力の感じられないチラシになり下がってしまっていたということだ。

◉お客様が買いたい商品を一瞬で見つけられるか？

実際、かつてのサトーカメラもそうだった。数年前までサトーカメラのチラシでは、B3サイズで表裏合わせて約300品目ほどのアイテムを扱っていた。

その中には、「売れる商品」と「売れない商品」があり、その売上は雲泥の差があった。「売れる商品」はチラシ期間中、数千個もの実売だったのに対して、「売れない商品」はチラシ期間中1個も売れないということがよくあった。

店頭で90日に1個しか売れないような商品を、チラシの紙面に掲載しても、お客様が見向きもしないのは当然だろう。

しかし、現実的に、そんな商品ばかりが溢れているチラシの多いこと。

私の指導先でも、チラシ商品の販売個数を調べたところ、**全体の10％の商品で約80％の販売個数（客数）を上げていた。**ということは、残り90％の商品は20％の販売個数（客数）しか稼いでいないということになる。

チラシ制作者でも、現場でも、どんな商品が週単位で何が何個売れているのかもわからない、「売れる商品」すら把握していないことが実に多い。

現場にいると、商品を絞り込むことの必要性を頭ではわかっていても、失敗するのが怖くて、品揃えを増やすことはお客様のためだと錯覚してしまいがちだが、お客様は品数の多さで心を動かすのではない。

お客様にとって品揃えがいいというのは、**チラシをパッと見たときに、買いたい商品があちこちに見つかる**ということだ。決して「この店のチラシには、他店よりアイテム数が10品目多く掲載されているから品揃えがいい」と言っているわけではないのである。

佐藤勝人のチラシで喝！

メーカーを頼るな
自らの手で育てろ

3章

中小店は全国チェーンを真似するな！

01 全国を相手にするな！目の前のお客様を相手にしろ！

地域密着とは、何もお客様にへりくだって近寄ることではない。また、ホテル業界のような形式ばった「おもてなし」をやることではない。

ホテル業界にとっては「おもてなしというサービス」自体が重要な商売だが、中小店やローカルチェーンにとっての商売とは、何かを追求していかなければならない。

あなたの商売の最大の目的は、商圏内のお客様が、あなたの店や商品を通して幸せになることだろう。

そのためには、商圏内のお客様にあなたの店や商品を徹底して広めることが第一である。

そこで、あなたの店や商品の価値を最大限に表現するチラシが威力を発揮するはずだ。

チラシは、われわれ中小店やローカルチェーンにとって、商圏を絞り込んで販促できる最高のツールだ。

全国のお客様を対象にしたり、単にイメージを植えつけたいだけなのであれば、全国にチラシを撒くよりはテレビＣＭやＩＴ販促のほうが効率的かもしれない。

しかし、われわれのような商圏を絞り込むべき商売の場合は、テレビＣＭよりもチラシのほうが断然安価で、効果があがる。

チラシと売り場を使って商品価値を打ち出し、売れるようにしていくこと、つまり自らの手で商品を育てていくことが、われわれ中小店の使命なのである。

◉中小店だからこそチラシで商圏内のお客様に情報開示しよう

サトーカメラのチラシの特徴は、何といっても「全員参加型」であることだ（25ページ参照）。チラシには、店長やアソシエイトが商品の説明やコメントを書いている。

なかには「これはないだろう」という笑えるコメント内容もあるが、それでいいのだ。

一人のチラシ担当者が制作すると、どうしてもワンパターンになってしまい、お客様に飽きられてしまう。

そうしたマンネリを回避する意味でも、サトーカメラのチラシでは店長やアソシエイトが登場し、商品を仕入れた商品部と、商品を売る現場スタッフ全員が一品一品の商品のコメントを考え、たった1枚のチラシを全店の総力で作っているのである。

サトーカメラのチラシを見てまず目にとまるのが、チラシのトップ面にズラリと並んでいるチラシに店長やアソシエイト（スタッフ）の顔写真だろう。顔写真には毎回、各人の一言コメントが添えられている。

このことによって、**「今はカメラに興味がない」お客様でもチラシを手に取り、読んでくれるようになった**。

サトーカメラのいいところは、若さ溢れるスタッフが揃っていること。店長は若い男性が多く、チラシに顔写真を載せると、女性客によく見てもらえるという効果もある。

しかし、場合によっては、若さは信用度が低くなることにもつながってしまう。どうやって店長が若いという、見方によっては欠点ともなり得ることをカバーするべきか？　どうすれば信用を高めてもらえるか？

その結果、実践したのが、**「スタッフの情報開示」**だった。チラシには、店長の顔写真や名前だけでなく、出身高校名まで掲載したのである。

若いということは先輩が多いということだ。先輩の立場としては、知らないスタッフば

「スタッフの情報開示」で店の独自性を出せ!

商圏内のOB、OGを狙って出身高校名まで掲載している。

かりの店よりも、後輩がいる店を利用したいと思うのではないだろうか？（もちろん、先輩の店に行くよりは後輩の店に行ったほうが気楽だろう）

出身小学校や中学校ではなく、出身高校としたのにも理由がある。

私たちの商圏は、栃木県内という県単位のエリア。その栃木県内でＯＢやＯＧ数が多いのが「地元の高校出身者」だからである。

われわれの商圏が市内だけであれば、地元の中学校名を掲載することになるだろうし、もっと商圏が小さく町内ということであれば、地元の小学校名や地元幼稚園名を掲載することにもなるだろう。

われわれは「顧客情報が欲しい」とよく言うが、店側である自分たちの素性や情報は一切明かさず、せいぜい制服の胸に貼ってあるネームプレートでわかるくらい。

それでいて、お客様の情報が欲しいと言う。それも、住所に電話番号にメールアドレスに年齢に……。それは**あまりにも虫がよすぎると思わないか？**

あなたが本当にお客様の情報が欲しければ、われわれ店側だって情報を開示するのが当然の義務だ。

さらに、その情報が、お客様にとっては店との接点となる。

それらの情報は、お客様との共通点や関係性を作り出す。人は自分との共通点や関係があるほうを必然的に応援したくなるものだ。

人間とは関係性の動物である。オリンピックでも、サッカーのワールドカップでも日本人という共通点でわれわれは日本代表を応援する。高校野球なら、出身地または居住地という自分と共通点のある都道府県代表を応援するものだ。

われわれは地元商圏で商売をしている以上、商圏内に住む両親、親戚、友人などが多い。店長や副店長一人ひとりの顔写真を掲載するということは、想像以上の影響力が生まれるというわけである。

この**「関係性マーケティング」は大手チェーンには絶対にマネのできない**ことだ。大手チェーンが大金を払って全国的に有名な人を使っているのは、お客様を「マス」で捉え、大衆を狙っているためである。

◉チラシでお客様との関係性を深めていこう！

また、情報開示は「リスク回避」という観点から考えても、効果的だ。

大手チェーンは「チラシに掲載された従業員が万一悪いことでもしたらどうしよう」と

か、「チラシに掲載された従業員の人気が出て競合店に引き抜かれたらどうしよう」という考えが先に出てきてしまう。

だから、顔の見えない、個性を出さない、バラつきのない標準的なチラシ作りが彼らの王道となっているのだ。

中小店の私たちは、それを逆手にとるべきである。商品を売る人の個性を引き出し、情報もどんどん開示して、われわれのほうからお客様との接点を作っていけばいいのだ。

写真を載せるとなると、「私はイケメンじゃないから」とかいう人がいるが、そんなことはどうでもいい。とにかく、最高の笑顔で写ればいいのだ。写真は、笑顔で写れば、誰でも最高に素敵なのだし、お客様の信頼と安心につながる最高の材料である。

とはいえ、実は私も一度だけ、諸事情により顔写真と出身高校名をチラシから外したことがある。

すると、県内の校長先生の集まる会合に出席したときに、思いもよらぬ声があがった。

校長「なんで今月の御社のチラシ広告では出身高校名を外したのですか?」

佐藤「えっ? 校長先生も見ていてくれているのですね。ありがとうございます。まあ、そこはいろいろな諸事情がありまして……」

校長「まさか佐藤さん、個人情報保護法の問題じゃないでしょうね？」

佐藤「まあ、そういうのもありましたので、少し考えさせてもらいました」

校長「佐藤さん、何を言っているのですか？　自分たちが好んで情報を開示していることは個人情報保護法には関係ないのですよ。それらは悪い行為でもなんでもありません。それよりもお客様はサトカメさんのチラシに共感を持たれるのではないでしょうか」

その校長先生に言わせると、あのチラシは毎回職員室での話題となるらしい。卒業生がサトーカメラで店長や副店長となって、チラシに載ることがとても楽しみにしているということだった。

毎回チラシが入るたびに、今度は私のクラスの卒業生がやっと副店長になったとか、チラシに顔が出てこなくなると、どの店に移動したとか、または辞めちゃったのではないかと心配したり、とにかく職員室では毎回話題になっているという。

チラシによる店側からの情報開示は、意外な方向からも応援いただいているということに気づかされ、お客様との関係性がさらに広がった体験だった。

02

あなたのお客様はまだまだ潜んでいる!

「商圏内で売れ」と言っても、それは決して小さく商売をしろということではない。**商品の新しい価値を打ち出し、「根こそぎ売る」ことで、商圏内のすべてのお客様を取り込んでいけ**と言いたいのである。

つまり、新しい価値によって商圏内での「一般大衆化」をめざすということだ。

サトーカメラでは、競合ひしめく中、一眼レフカメラの市場で栃木県内販売シェア50%を達成している。

なぜ、このようなことができたかというと、一般的にはターゲットとされていない客層にまで価値を打ち出したからだ。

ある日のこと、60代の女性が30代の息子さんと一緒に来店した。お話を聞くと、初孫が生まれたということで、息子夫婦に一眼レフカメラを買ってあげるのだという。

かわいい初孫が生まれたお祝いに、おじいちゃんおばあちゃんが一眼レフカメラを買ってあげるという習慣はサトーカメラが20年かけてこの地域に根づかせたものである。

一般的な一眼レフカメラのターゲットというのは、20～30代の子どもを持つ親がメインである。この場合、贈るのはおじいちゃんおばあちゃんであっても、使用するのはメインターゲットである息子夫婦というわけだ。

しかし、そのメインターゲットにアプローチするだけでは、新しい市場を創造することはできない。

そこで、私はメインターゲット層以外のおばあちゃんにも声をかけてみた。

佐藤「おばあちゃんも、かわいい初孫を一眼レフカメラで撮ってみたらいかがですか？」
女性「いや、私はそんな、一眼レフカメラなんて難しいのは無理だから」
佐藤「息子さんが撮った写真が送られてくるのはさぞかし待ち遠しいことでしょう。それならば、自分で一眼レフカメラを持てば、かわいい初孫に会いに行くきっかけにもなるし、おばあちゃんも楽しいじゃないですか」

息子「でも、お母さんは機械音痴だからね」
佐藤「心配しないでください。使い方がわからなければ、当店に寄ってくだされば、毎日でも私が教えますよ」
女性「息子夫婦の家に向かう途中にサトカメがあるのよね」
佐藤「それなら、なおさらですよ！」

そんなきっかけから、一眼レフカメラには全く興味がなかったはずのこの女性は、初孫に会いたい、初孫の写真を撮りたいという気持ちで一眼レフカメラを購入した。

お客様は、一眼レフカメラが欲しくてカメラを買うのではない。お客様はカメラを通じて得られる「価値」で購入するのである。

この女性は、それから3年間、孫に会いに行く前に必ず一眼レフカメラを持ってお店に通ってくれた。

あれから20年が経ち、現在85歳になったその女性と先日、サトーカメラで再会した。
「お久しぶりです。お元気そうで」と声をかけると、女性はこのように言ってくれた。
「あなたのところで一眼レフカメラを教えてもらったおかげで、写真撮影で年中歩いているから、私はいまだに足腰も元気でぴんぴんとして長生きしているわよ（笑）。あなたに会った20年前、お父さんが他界して寂しかったせいもあって毎日パチンコをやっていたのよ。でも、サトカメで一眼レフカメラを購入したおかげで、この20年間は毎日が楽しかったわ」

あのときの初孫はもう20歳になったので、お孫さんは撮っていないらしいが、今は写真仲間と一緒に写真撮影を楽しんでいるという。

まさに、**新しい価値の創造が、ターゲットとしていなかった新しい客層、新しい市場を生み出した**ケースであった。

◉ターゲットをズラせば競争に巻き込まれない！

新しい顧客の創造とは、何も若者だけではない。

われわれのようにホームグランドである「商圏」を決めて商売をしていれば、少子高齢化なんていうのは関係ないことだ。

栃木県内のデジタルカメラの販売台数は、全国の総出荷台数から日本の総人口を割り出すと、年間で約14万台の販売台数が算出される。

栃木県の総人口は２００万人であるから、おおよそ年間で14万人がデジタルカメラを購入するという計算になる。つまり、大げさに言えば、残りの186万人はまだデジタルカメラを買っていない層だということでもある。

マーケットは、われわれが想像している以上にまだまだ残っている。

地域のお客様に価値を伝えていくことで、ターゲットとしていなかった新しい客層を掘り起こしていこう。

同じ商圏内で、みんなが同じターゲットに対して売っていたら、それこそ同質的競争になってしまう。まずはターゲットをちょっとズラして市場を創造していこう。

商品もターゲットも絞り込んで成功している地域店を、私はあまり見たことがない。

それはメーカーや大手の発想であり、100万人以上を狙うような大商圏での場合である。全国に向けて大きな市場に売り込もうと思ったときに有効な手立てだということだ。都市型のチェーン展開やネット業界なども同じだ。

しかし、商圏を広げるということは、基本的にコストがかかりすぎる。

私たちのように、地域戦を得意とする小商圏型ビジネスでは、そのような戦略で効果が発揮されるわけがない。

われわれはお金がないから、基本的に商品を絞り込む。

われわれはお金がないから、基本的に商圏を絞り込む。

その代わり、**われわれは知恵を使って商圏内に自分の商品を根こそぎ広げていけばいい。**


だから、チラシのような販促媒体が小商圏型ビジネスでは必要になってくるのだ。

商圏内での地元テレビ局の視聴率を調べると、せいぜい3％〜5％程度。いくらテレビCMを20秒ぐらい流したところで、いったいどの程度の費用対効果を得られるだろうか？

チラシはすぐに捨てられてしまうと言う人もいるが、テレビCMの95％以上は見過ごされていると考えるのであれば、チラシもテレビCMも結局は同じではないか。

逆に、チラシは手元に残るし、少しでも目にとめてくれるのであれば、こっちのものだ。

惰性で流れるテレビCMがたまたま目に入るのとは違って、チラシは本人の意思がないと見ないものだからだ。

あなたの商圏内に住んでいる人全員があなたのお客様なのだから、そこに向かって徹底的に商品を育て、価値を打ち出していこうじゃないか。

03 ターゲットを単純に絞り込んだら集客は落ちる！

「ターゲット」と言っても、間違った絞り込み方をしてはいけない。ターゲットを単純に絞り込んだら、集客は確実に落ちていく。

一般的にメーカー側が提案する「ターゲット」というのは、全国規模の大きなマーケットでの捉え方である。

たとえば、商品によってはメーカー側から勝手に、「この商品のターゲットは20代のOL」と絞り込んでくる場合がある。

しかし、オーバーな言い方をすれば、商圏人口10万人も満たない地方商圏で「20代のOL」なんていうターゲットはどこに存在するのだろうか？

以前、指導先の主婦層をターゲットとした化粧品販売店が、化粧水Aを売りたいと相談してきたときのこと。

佐藤「この化粧水Aはどういう商品ですか？」
社長「メーカー側が言うには、この化粧水Aのターゲット層は20代のOLなのです」
佐藤「もちろんメーカー戦略としては、商圏を日本全国と捉えていますから、どうしてもターゲットを明確に絞り込んでイメージを明確にする必要があるのです。20代のOLがターゲットであると決めつけることによって、それに合わせてプロモーションを行なうわけですから。
それはそれでいいですが、では、あなたの商圏のボリュームゾーンである30〜40代の主婦は、この化粧水を使ってはいけないのでしょうか？　50〜60代では効果がないのですか？」
社長「確かにそうですね……」
佐藤「この化粧水Aは成分上、本当に20代のOLにしか使えないのですか？　徹底的に機能性から成分まで調べてください。今は情報化社会ですから、カタログ情報だけではいけません。直接工場にも見学に行けますよね」

メーカーによるブランド戦略やマーケティング戦略のためのターゲットばかりがクローズアップされがちだが、われわれ中小店は大手と同じ売り方をしてはいけない。

特に価値ある素晴らしい商品ほど、全客層を幅広く網羅するほどのスタンダードな品に仕上がっているものだ。だから徹底的に商品を調べ上げ、新しい価値を生み出していかなくてはならない。

われわれ地方の中小店やローカルチェーンは**商圏が小さいのだから、その商圏内のお客様全員に「根こそぎ」売り込むことは不可能ではない**はずだ。

日本国内には1億アイテムを超える商品が溢れかえっており、今やメーカー側も大手チェーンとだけ付き合っていては儲からないのが本音かもしれない。

メーカーの立場からしたら、いくら新しい商品を開発しても、いくら最高のマーケティングを駆使しても、よほどの一大ブームを作り出さない限りは、大手チェーンに安く買い叩かれる始末。メーカー自身も市場を創造していかなければ、その商品とともにメーカーも生き残れないのである。

そのためには、**商品の新しい価値を見出し、新しいお客様を増やしてくれる中小店の存在が必要**なのだ。

◉目の前のお客様に自店の価値を広めていけ!

隣の大手チェーン店でも並んでいる「売れる商品」を、あなたの店で同じように並べて安易に売れることを待つだけではいけない。

テレビＣＭが入る商品なんていうのは、あらゆる業界を見ても、全アイテムのうちのせいぜい１％だ。

中小店は、世の中の99％以上を占める無名の商品を、「お客様が見える」商圏で新しい価値を打ち出して売っていくべきだ。そうすれば、必ず新しいマーケットを創り出すことができる。

逆に言えば、自店の商圏の中で、自店の商品の価値を広めることができなければ、中小店はお客様からは認知してもらえないということなのである。


われわれのお客様は価値がわかれば、買ってくれる。

あなたの店の集客商品を通して、あなたの商圏内で新しい価値を打ち出し新しい需要を創出してほしい。

メーカー側や売る側が勝手に決めつけていたターゲット外だったお客様、その商品を買おうとも思わなかったお客様が新しい価値に気づいてくれれば、必ず売上につながっていくはずだ。

04 あなたの販売方法は本当にそれだけか？

商圏内における商品の新しい価値の打ち出し方として、あなたの店の「販売方法」を見直すのもひとつの手だ。

「売上が伸びない」「販促の成果が上がらない」と悩んでいる人は多いが、自店は「店頭販売」しかできないと思い込んでいないだろうか？

ある日本茶販売店に相談されたときの話である。

その社長いわく、「少子高齢化に伴い、日本茶そのものの需要は年々目減りしている。コーヒーや紅茶の業界の成長や、ペットボトルの台頭により、わざわざ家でお湯を沸かしてお茶を飲む人がいるだろうか？　そう考えると、日本茶業界は衰退産業でお先真っ暗だ」とのことだった。

そこで社長は、和菓子を仕入れて日本茶専門の喫茶店を作りたいのだという。「和風版のスターバックスというわけですね。なかなかいいアイデアですね。それはどこで始めるのですか?」と私が質問すると、「もちろん、今ある店を改装して、この場所でやります」とのことだった。

経営を困難にさせる大きな要因は、店舗改装したらお客様が来るという、安易な発想だ。資金力もないのにここで営業したら、それこそ3カ月で資金ショートしてしまう、と私は苦言を呈した。

社長「佐藤さん、なんでそんなマイナス思考なのですか?」

佐藤「問屋さんから仕入れる和菓子の利益率は30%ほど。ならば、和菓子を100個仕入れたら、支払い日の月末までに最低でも70個以上は売る必要があるわけですね。いくら30%儲かると言っても、100個仕入れて10個しか売れなければ100個仕入れた分の支払いができません。もし、70個以上売れなかったら、あなたはどうしますか?」

社長「また佐藤さんはマイナス思考なのだから〜」

佐藤「何を言っているのですか?　日本全国の中小店はみんな、月末までにその70個が売れなくて困っているのです」
社長「でも、他のコンサルタントの先生には、『商売とは商いと言い、最低3年は飽きずにコツコツとやるものです。あなたが信じてやまなければ、間違いなく3年目には花開くことでしょう』と言われました。それが商人道というものですってね」
佐藤「そういう精神論や感動話はもう聞き飽きましたよ。それは高度成長時代のおとぎ話です。そこまで言うなら、支払い日に同じことをあなたの取引先や銀行に言って聞かせてやってください」

いまだに多くの人が、精神論や根性論で商売を捉えていることは残念なことだ。支払いに追われているときに、銀行や取引先に「商いとは〝飽きない〟といって、コツコツやるものなのだから、あなたも3年は待ちなさい」なんてバカなことを言えるだろうか？

店舗改装をすればお客様が増えるというのは、勝手な妄想だ。新しい商品を仕入れれば業績が変わると思っているのも同じことだ。

今回のように業績悪化の解決策が、新商品の導入と店舗設備の老朽化だと勘違いし、それらの原因が一掃されれば、売上が上がるという発想そのものが間違いである。

◉商品のプロとして販売方法を見直してみろ！

この日本茶販売店は、「立地条件」が変わったことが、店頭販売の売上が落ちた根本原因だった。近くに外環状線ができ、大きなショッピングセンターができたのである。

そういう状況にもかかわらず、「今までと同じ立地で設備投資をして、新業態を立ち上げる」なんていうのは無謀にもほどがある。

確かに10年前のように、この日本茶販売店がある商店街に人がたくさん歩いていれば、その考えは通用するかもしれない。しかし、立地条件はすでに以前とは異なり、商店街を歩いている人はほとんどいない。

そんな状況の中で、新たな商品を導入したらどうなるのか？　答えは簡単、3カ月後には資金繰りが悪化して資金ショートを起こしてしまう。

もし、新しい好立地のショッピングセンター方面に移転することができれば、それで解決するかもしれないが、今の経営状態ではなかなか難しいのが現状だ。

そこで見直すべきなのが、「販売方法」なのである。

「うちは店頭販売しかできない」と思いこんでいる中小店も少なくないが、それだけでは大手チェーンにはとうてい敵わない。

なぜなら、大手チェーンは、基本的に「店頭販売のプロ」だからである。

大手チェーンは「価値にあまりこだわらず、流行に左右されない人たち」をターゲットにして、彼らが喜ぶような商品だけを集めて、どんどんチェーン店化していく。

たとえ日本茶を販売していたとしても、日本茶の販売に使命を感じ、日本茶だけを売っているわけではない。極論を言えば、日本茶が売れなくなったらコーヒーでも紅茶でも、売れれば何でもいいのである。

そして、年々売り場面積を拡大し続け、数年経って立地条件が悪くなったら早々と撤退するだけだ。


われわれ中小店がめざすべきは、「商品のプロ」である。自店の強みの商品を、商圏内で販売していく方法は何も店頭販売だけではない。

「売上が伸びない」と悩んでいるのなら、どんな中小店でも次項にあげる5つの販売方法のうち、ひとつでも試してみる価値は大いにある。あなたの店の伸びしろはまだまだあるのだから。

05 5つの販売方法を知って価値を打ち出せ！

1つの商品において、その販売方法は決して1つとは限らない。販売方法は次の5つのタイプに分かれる。

①店頭販売……リアル店舗で販売する方法
②展示販売……リアル店舗の3倍以上広い会場を借りてピーク時に販売する方法
③訪問販売……法人営業、配達など、お客様のもとを訪れて販売する方法
④配置販売……富山の置き薬に代表される自動販売機的な販売方法
⑤通信販売……テレビショッピングやカタログ、インターネットに代表される販売方法

実際、本書の読者の中には、店頭販売以外にも②〜⑤までのいずれかを試したことがあ

る人もいるだろう。

ここで最も気をつけなければいけないのは、価値の打ち出し方は販売方法によって異なるということだ。当然、チラシの作り方も変わってくる。

次から、それぞれの販売方法とチラシ作りのポイントを説明していくので、ぜひ参考にしてほしい。

①店頭販売

販売方法は1つではないと述べたが、まずは店頭で、「この商圏内において、この商品のことなら誰にも負けない」ということを徹底してほしい。

そのためには、とにかく、あなたの「商圏」から絶対に逃げないことが第一である。

商圏を絞ることは、決して「井の中の蛙」ということではない。町内でも、市内でも、県内でもいい。あなたの戦う主戦場、ホームグランドこそ、あなたの商圏なのである。

チラシを撒いても、セール期間中に来店してくれる客数は、商圏人口の何%だろうか？　せいぜい数%だろう。

販売方法によって価値の打ち出し方も変わる

	販売方法	チラシ作りのポイント
①店頭販売	リアル店舗で販売する方法	店頭販売はお客様に来店してもらわないと意味がない。 チラシには、店の地図と電話番号を必ず入れること
②展示販売	リアル店舗の３倍以上広い会場を借りてピーク時に販売する方法	展示販売は一気に集中して販売することが目的なので、表面に大きく開催日時と問い合わせ先を掲載すること。 会場の地図と写真も必須
③訪問販売	法人営業、配達など、お客様のもとを訪れて販売する方法	手渡す人の顔写真を、チラシの一等地に大きく入れること。 写真とともに商品のおすすめポイントを載せれば必ず反応してくれる
④配置販売	富山の置き薬に代表される自動販売機的な販売方法	商品のストーリーやうんちくなど、文章が多少長めでも情報提供を心がけよう。 ニューズレター的な効果を狙ってもいい
⑤通信販売	テレビショッピングやカタログ、インターネットに代表される販売方法	商品を実際に見ることができない通販の場合、特に商品や販売目的の趣旨がしっかり伝わるようにしよう

なぜだろうか？　それは、創業何年だろうが、あなたの店は商圏内でまだまだ知られていないからである。

同商圏内には商売している店が何軒存在しているか？　その中で実際にあなたが入ったことのある店は何軒あるだろうか？　あなたが入ったことのない店のほうが圧倒的に多いはずだ。店名すら知らない店や、何屋なのかもわからない店のほうが多いはずだ。

あなたの店が地元で知られていると勘違いしてはいけないのである。

店頭販売はお客様に来店してもらってナンボ。だから当然チラシには、**店の地図と電話番号を入れることが必須**だ。

当たり前のように思うかもしれないが、新規客に店頭へ足を運んでもらいたいという意識があるかないかで、チラシの作りと成功度は大きく変わってくるものだ。

②展示販売

展示販売とは、会場を借りて売る、いわゆる催事のひとつである。

あなたの商品のピーク時に、あなたの今の店の売り場面積より3倍大きい会場を借り、駐車場もしっかり確保して、たった数日間で1～2カ月分の売上を上げる販売方法だ。

年間で数十個しか売れない、普段は在庫できないような商品でも、その商品のピーク時であれば、1年分を1日で一気に売ってしまえる。

特に地方においては、「ピーク時＝買いたいとき」に、一同に商品を見ることができるので、お客様にとってもわれわれ中小店にとっても有効な販売方法なのである。

自店の地域では商圏が小さすぎて商売はできないとか、この辺の住民は貧乏人ばかりだから商品が売れない、この商圏では売れないから新しいエリアへ移るなど、売れない理由をお客様に当てつけ、自己を正当化したがる人は少なくない。

先ほどの日本茶販売店のケースも同様だった。そこで私は、「展示販売」を社長にすすめた。

佐藤「あなたの店の日本茶販売のピークは何月ですか？」

社長「5月です」

佐藤「そのピークの5月になぜそんな狭い店、しかも、車も駐車できないあなたの店にわざわざお客様は行かなきゃならないのでしょうか？」

社長「そうですよね。せめてピークのときくらいは……」

そうして、この日本茶販売店は、日本茶のピーク時の5月に、現在の売り場面積より3倍大きい100坪の会場を借りて「大感謝祭」を開催した。

資金調達は、「協賛セール」として取引先全社から協力してもらい、会場費を分担して負担してもらった。取引額の大小で左右されると思うが、1社3～5万円以内であれば、用意してもらいやすい。

もちろん、取引額が多い取引先からは月間取引高の1％程度は、「チラシ協賛金」や「販促協力金」などの名目で協賛金が出やすいので交渉してほしい。

こうやって取引先全社から集めれば、すぐに会場費やチラシ販促代を捻出できる。

また、会場では、取引先全社に協力してもらって商品を委託陳列すればいいだろう。

さらに、普段は店頭には置いていない関連品も、展示販売では充実させよう。

たとえば、日本茶販売店であれば、茶道具をはじめ、湯のみ茶碗や急須、食器類等も問屋に場所を貸し、ピーク時に一気に売り抜くことがポイントだ。

別の指導先の洋品店では、年間を通して店頭販売をしていた学生服で展示販売をした。

学生服のピーク時である2月に、学生服の取引先のほか、学生が必要なバックや靴の問屋や、勉強机を販売する家具屋も動員した。
ある中古車販売店では、ピーク時に同業仲間が5社集まって各店から中古車を持ち寄り、3日間ボリューム展示することで、一気に販売することができた。

展示販売は、あなたの店のピーク時期に開催することが、絶対に失敗しない方法だ。お客様の「ピーク時＝買いたいとき」に商品のボリュームと品揃えを打ち出して、とにかくお客様を会場に動員することだ。

そのために、展示販売のチラシで重要なのは、**表面にあなたの店名よりも大きく開催日時と問い合わせ先を掲載する**ことだ。展示販売は一気に集中して販売することが目的。「いつ」「どこで」を一発で覚えてもらおう。

会場の地図と写真を載せるのも必須だ。商圏内では、あなたの店よりも会場のほうが認知度が高いはずだ。その認知度の高さを利用するのである。

③訪問販売

店頭でお客様を待って販売するのではなく、こちらからお客様を訪ねて販売するのが訪問販売だ。

しかし、ただ単に相手先を訪ねるのだけが訪問販売ではない。

先程の日本茶販売店の場合、以前から法人向け（生命保険会社）に訪問販売をしていたが、納めているのは一番安い値入の日本茶で、足代も出ないくらいで厳しい状況だったそうだ。ワンランク上の日本茶を買ってもらうために、いろいろな提案をしたが、結果はさっぱりだという。

そこで、私は次のような提案をした。

佐藤「上得意客が来社したときくらいはワンランク上のお茶を出したらどうか、なんていうレベルの提案ではうまくいかないのは当然です。

確かに、ワンランク上の日本茶はおいしいが、どこの会社もコストダウンで動いている今の時期、仕入れ価格は据え置きでなんて言われてしまうのが関の山。かえってやぶ蛇ですよ」

社長「だから取引を辞めようと思うのです」

佐藤「今の販売経路が儲からないからって見切るのはまだ早い。

その生命保険会社にはセールスは何人在籍していますか?」

社長「100人くらいは在籍しています」

佐藤「それならば、そのセールスたちに商品を売り込んだことはありますか？」
社長「そんなことは考えたこともありません」
佐藤「それは、あなたが取引先の販路を使いきっていないだけです。取引先からの問い合わせをただ待っているような〝待ち商売〟では、どこだって儲かりませんよ。
まずは手始めに、年に2回、お中元とお歳暮のときに日本茶の注文チラシを作って、保険会社のセールスに配ってください。セールスが顧客に贈ったり、個人的に贈るお中元やお歳暮として注文してもらえばいいじゃないですか」

これまで保険会社のセールスは、忙しい中、お客様に持っていくお中元やお歳暮をわざわざデパートまで足を運んで自分たちで調達していた。それを、出入り業者が訪問する際にお中元やお歳暮などの特別注文を受ければ、便利であるに違いない。

結果、一人で100個も200個注文していくセールスもいたほど大好評であった。

訪問販売は何も小売店だけの販売方法ではない。

運送会社の配送用トラックのタイヤを交換する下請け工場でも、同様の販売方法で売上アップに成功した。

元請け先のトラックの運転手は200人ほどいるそうだが、そのほとんどが毎朝、マイカーで出社するという。運転手は仕事中、マイカーを会社に置いて、配達用のトラックに乗り換えて、配達に出る。

ということは、トラックの運転手のマイカーは1日会社に置いてあるということだ。そこで、仕事中にマイカーを預かり、運転手が配達から帰ってくるまでに車検を仕上げておいたり、スタッドレスタイヤに履き替えたり、オイル交換をやったりと、できるサービスはたくさんあった。

そこで、社長は車検代行のチラシを作って、取引先の運送会社のトラックの運転手たちに売り込んだ。もちろん、結果は上々。また、冬には車のバッテリー交換を100台分も受けたそうだ。

訪問販売のチラシのポイントは、**必ず手渡す人の顔写真を、チラシの一等地に大きく入れる**こと。それが自己紹介の名刺代わりとなり、お客様のほうから話しかけてくれるなど、お客様の信頼につながる。

そのあなたがおすすめする商品を大きく載せれば、必ず反応してくれるはずだ。

④配置販売

配置販売は「富山の置き薬」が代表的な例だ。

先程の日本茶販売店の場合、訪問販売とともに配置販売も試みた。

現在、訪問している取引先に日本茶を置いてもらい、社員向けに販売してもらう。そこで働く社員は、自宅で飲む日本茶を買いにわざわざ仕事帰りにスーパーに寄る必要がなくなるというわけだ。

「でも、在庫管理とお金の管理が不安ですね」と言う社長に、私はこのように伝えた。

「セルフで買った分だけホテルの冷蔵庫みたいに自ら伝票を書いたり、買った分だけお賽銭のように自己申告で会計ボックスにお金を入れるのもいいでしょう。徴収方法はいくらでも考えられるじゃないですか。

全国1000社にこの配置販売で日本茶を納めたいというならば、自動販売機のような設備の開発が必要です。しかし、われわれは小さな範囲で実践しながら問題点を改善して、あなたなりの小さなビジネスモデルを開発していけばいいのです。そうやって動きながら、次のステップを考えましょう」

配置販売のチラシは、基本的に商品の隣に置くことになるため、**商品のストーリーやう**

んちくなど、文章が多少長めでも情報を提供することが第一。ニューズレター的な効果を狙ってもいいだろう。

⑤通信販売

「通信販売」には、今や常識となったネット通販も含め、カタログ販売やＴＶ通販、ラジオ通販などさまざまな方法がある。

通信販売はどうしても全国に目を向けてしまうため、対象がぼやけてしまいがちだが、通信販売こそ商圏を絞って、あなたの商圏で戦うことが求められる。

通信販売の場合、お客様が実際の商品を手に取ることはできない。つまり、通信販売のチラシは、その1枚でお客様から注文をもらうということである。

これまでの販売方法よりも、**特に商品や販売目的の趣旨が伝わらないと売りにつながらない**ということを覚えておいてほしい。

紹介した日本茶販売店は、以上の5つの販売方法を駆使することで、商圏内において全客層を網羅することに成功した。

要するに、衰退商品の日本茶でさえ、商圏内で根こそぎ売り込むことで新たな需要を生み出し、全国の平均消費量を2倍も3倍も超えた異常値を叩き出したのである。

これは、決して例外などではない。どの業種、どの業態であっても、複数の販売方法を試してみる価値は必ずある。商圏内で大手チェーンと勝負していくために、重要なヒントとなるはずだ。

佐藤勝人の
チラシで喝！

商圏を絞り込み
根こそぎだ

4章

「集客商品×主力商品」で圧倒的な地域一番店になる！

01

集客商品でもっと集客を仕掛けろ！

数年前、品数重視のチラシ作りをしていたサトーカメラのチラシ改革が、本格的にスタートした。

まずは店頭に3000アイテムある品揃えの中から、売れ個数の多い商品のうち、上位10％、300アイテムの商品に目を向けることにした。

2章でも述べたように、売れ個数上位10％で約80％以上の販売個数（集客）を占めているという現状を知ったからである。

次に、その上位10％の商品の中から、さらにチラシを賑わす「集客商品」をあぶり出した。上位10％300アイテムの中の、さらに上位10％（つまり、商品総数3000アイテムの中の1％）のベスト30アイテムが総集客数の50％以上も占めているという事実が判明したからだ。

集客商品30アイテムで集客して異常値を叩き出せ！

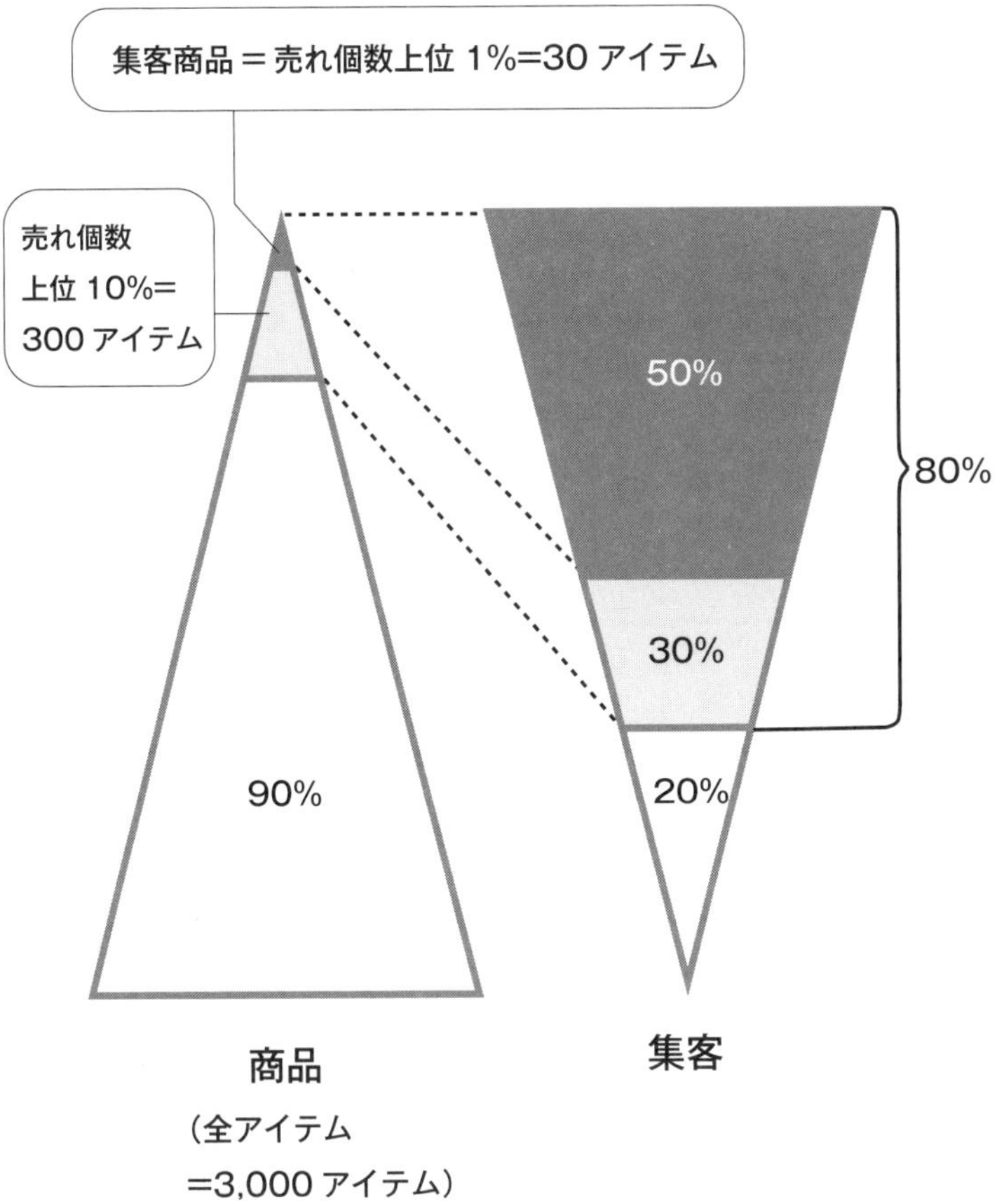

集客商品の30アイテムに集中したチラシ作りをすれば、間違いなく集客数はアップする。その確信をもとに、サトーカメラのチラシ改革を進めていった。

まずは多数の商品群から、チラシ制作者や商品部が自分の好き勝手に商品をピックアップしたり、たくさんの商品を平等に扱うのではなく、集客商品30アイテムにトコトン目を向け、チラシフェイス（掲載面積）を従来の1・5～10倍の大きさで掲載した。

さらに、同時進行で集客商品の陳列棚の面積も3倍以上広げて、チラシと連動した売り場作りを行なった。

集客商品を集中販売することで、さらに集客を倍増させ、異常値を叩き出すということである。

◉「売れて儲かる」商品を育てていけ！

また、集客商品の中でも「安いから売れている商品」と「高級ブランド品」、「売りたい商品」とが混在しているはずだ。

「安いから売れている商品」や「高級ブランド品」はチラシに掲載しても儲からないと思っているかもしれないが、それでも、**あなたの店にとっては集客商品なのだと信じてチラ**

商品の追求が店の独自性となり、他社との差別化となる！

売りたい商品 ＝ お客様が買って得する商品 ＝ 売って儲かる商品

シフェイスを広げてほしい。

その中でも、「売りたい商品＝売れて儲かる商品」を見つけ出し、チラシフェイスを3倍でも5倍でも10倍でも広げ、集中販売していくことが重要課題となる。

そして、常に新たな集客商品を育て、「次なる売りたい商品」のチラシフェイスをどんどん広げていってほしい。

売れて儲かる商品の新しい価値を打ち出して集客商品に育てることは、他社にはない独自性が発揮され、競合店に打ち勝つチラシ作りに必ずつながる。

なお、独自性とは奇をてらった物珍しい商品を探すことではない。スタンダードでも飽きのこない商品を集客商品へと育て上げることが重要なのだ。

もちろん、集客商品のチラシフェイスの確保のためには、現在のチラシ掲載商品の中からチラシに掲載しても数個しか売れないような商品をカットしていくことが必要だ。

あなたの店で売れる商品のチラシフェイスを広げて売り込んでいけば、自然とあなたの店で売れない商品のチラシフェイスは狭くなり、売れない商品は最終的にチラシ掲載から外れていくことになるだろう。

売れるチラシフェイスの作り方については、次項や6項で詳しく説明しているので参考にしてほしい。とにかく、**何が売れて何が売れないのかを客観的に見直すことが、チラシ制作のスタートライン**なのである。

◉チラシで儲かる仕組みを作れ！

このように、集客商品を見極めて、最終的にはあなたの店の「売って儲かる商品」へと育てていくことをまずは実践してほしい。

チラシフェイスの倍増と売り場面積の倍増というように、チラシと売り場が一体となり、あなたの集客商品で昨年対比200％以上の異常値を叩き出す「儲かる流れ」を作り出すのである。

お客様は「何かいいものないかな」と思いながらチラシを眺めている。チラシに心を揺さぶられれば、店に足を運び、手に取って商品を吟味する。

ということは、あなたが売りたい商品を買っていただくためには、あなたのほうから「買ってほしい」という意思表示をしなければならないのである。

お客様はもともとあなたのその商品が欲しいとは思ってもいない。ただチラシに小さく掲載しただけでは気にもとめてくれないのである。

あなたがチラシ紙面を通して、大胆に売り込んで初めて、その商品がお客様の視界に入ってくるのだ。

だから、商品の価値をキャッチコピーや写真、大胆な紙面構成でお客様を呼び込み、売り込みをかける必要がある。

あなたの「買ってもらいたい」という意思がなければ、お客様からは決して「買いたい」という欲求も行動も生まれてこないのである。

02

チラシフェイスの大きさは売れ個数そのものだ！

チラシフェイスは、お客様への「買ってほしい」という店側のアピールであり、その自己主張の大きさが独自性となっていく。

私の経験値から言えば、今までのチラシフェイスを半分にすると、20～30％の売れ個数が減ってくる。

たとえば、商品Aは1週間で100個売れる集客商品だったが、新商品Bを載せるために商品Aのチラシフェイスを単純に半分削ってしまった。しかし、商品Aは売れる商品なので、在庫量はそのままにしておいた。

その結果、どうなっただろうか？

集客商品Aの実売は、30％減の週間70個の実売で、一方、新商品Bは週間20個の実売だった。

「チラシフェイス＝売れ個数＝集客数」と考えろ！

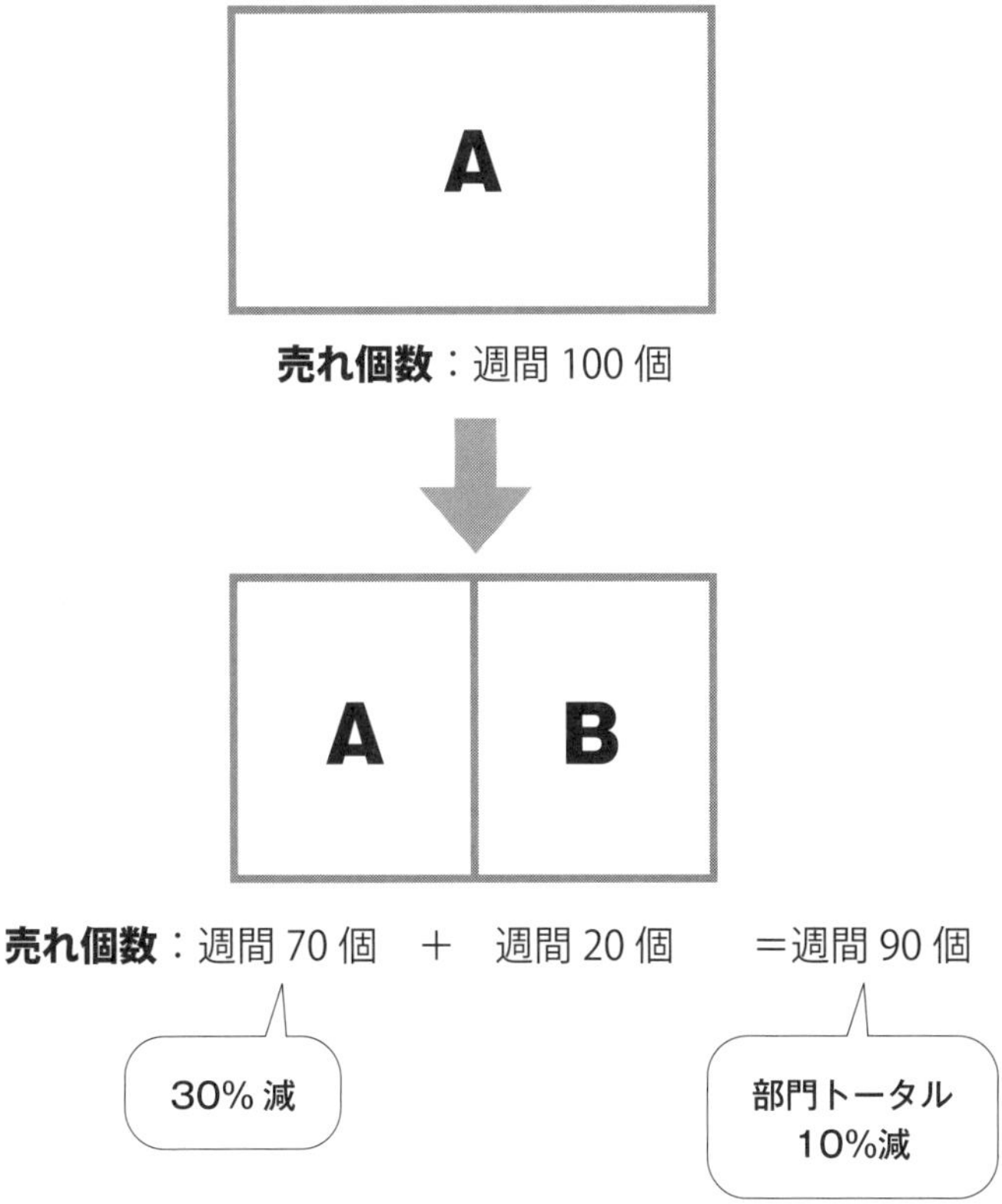

チラシフェイスを半分にすると、
売れ個数が20～30%ダウンしてしまう。
売れる商品の売れ個数の減少は確実に集客減、
売上減につながっていく

つまり、データ上では新製品Bの販売は出足好調、既存の集客商品Aは新商品の影響で売れ個数30％ダウンであるように見えてしまう。

その数値データに反応して、「それならば、集客商品Aのチラシフェイスをさらに縮小し、売り場面積や在庫も減らそう」という論法になってしまっては絶対にいけない。これは現場を直視しない誤ったデータ解読である。

結果的に、部門トータルで見比べると、集客商品Aが週間100個の実売だったことに対して、新商品Bの導入によって「商品A70個＋商品B20個＝実売計90個」となり、売上も下がってしまった。

部門トータルで10％ダウンという事実があるにもかかわらず、現場では気がつかないうちにこのような売れる商品を減らし、売れない商品を増やしていくという間違った方向に走って「売れ個数＝集客数」を知らぬ間に落とし続けているのだ。

◉売れる商品をもっと売るのがチラシ作りの極意だ！

売れ行きの悪い商品がチラシを占拠し、売れる商品のチラシフェイスをどんどん小さくしてしまう。こういう**小さな集客減、売上減の積み重ねが、チラシ作りを通して気づかな**

いうちに起こっているのである。

集客商品をさらに売るためには、まずはチラシフェイスをもっと広げることに尽きる。その結果、売れない商品のチラシフェイスはカットされ、商品は絞られていく。すると、在庫回転率も数段跳ね上がり、売上と利益も急上昇するというわけだ。

前述したように、私はチラシアイテム数をB3チラシ両面に300アイテム掲載していたのを1年かけて、最終的には3分の1の100アイテム前後に絞り込んだ。

当然、チラシフェイスと比例するように、チラシに掲載した集客商品の売上は2倍、3倍、10倍とどんどん上がった。

確かにチラシ掲載商品のアイテム数を減らすことは、最初は怖いかもしれない。しかし、売れない商品を売れないからといっていくらチラシでアピールしても、それは店側のエゴにすぎない。

売れない商品を無理やり売ろうとするのではなく、自店で売れる商品を徹底して売り込む。この考え方こそ、売れない時代のチラシ作りの極意なのだ。

結果的にはお客様の購買意欲をそそり、お客様に行ってみたい店、品揃えがいい店と感じてもらうことができ、確実に売上へとつながっていくはずだ。

売れない時代は集客商品で購買意欲をそそれ！

数年前　B3 チラシ両面に主力商品（次項参照）のコンパクトカメラを中心に 300 アイテムびっしり掲載していた

現在　B3 チラシの表面で集客商品の写真プリントのチラシフェイスを拡大して掲載

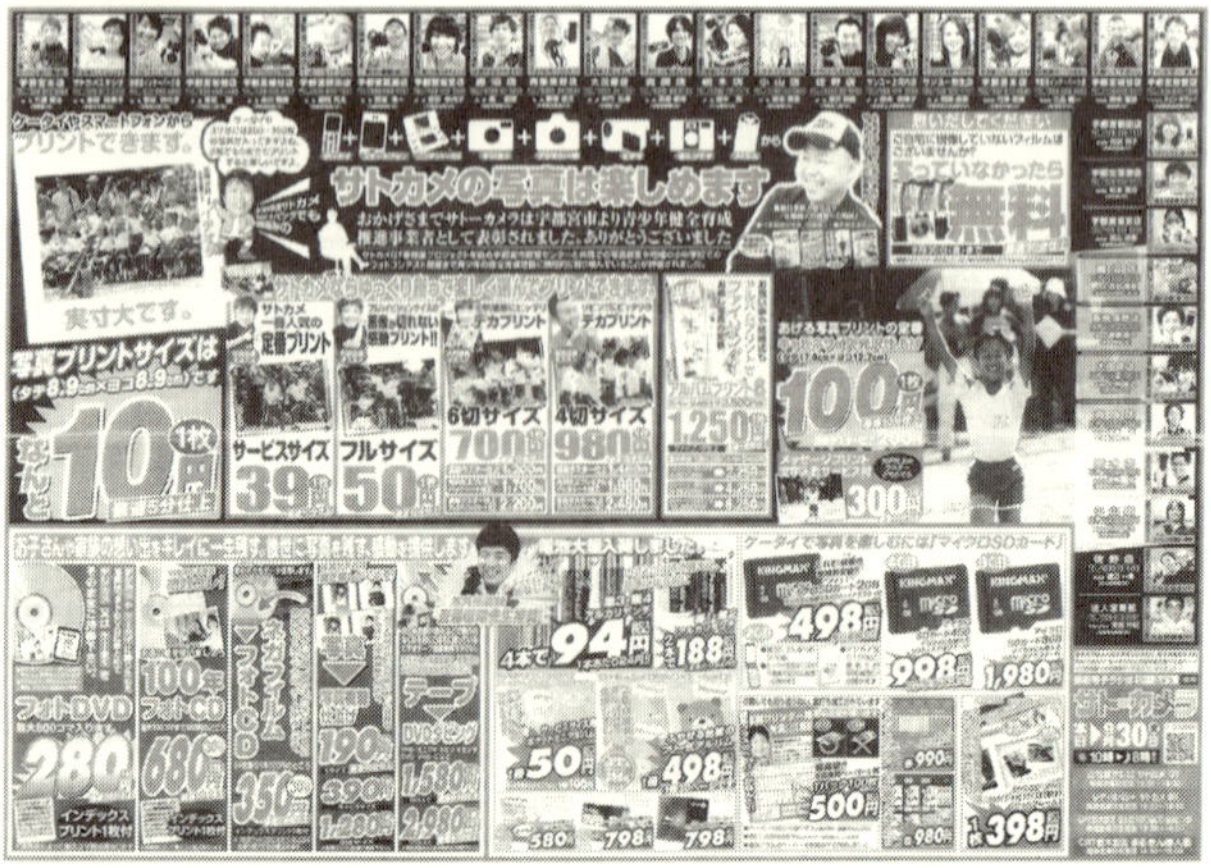

03 商品には集客商品と主力商品がある

ここまで、まずは集客商品をチラシで徹底的にアピールして集客しろと説明したが、それでは、チラシに集客商品だけを載せていればいいのかというと、決してそうではない。あなたの店で集客商品だけを売るわけにはいかないのと同じことだ。

前項でも述べた通り、みなさんの店全体の中で、売れ個数が多い商品が「集客商品」。それに対して、売上額の高く、売上高を左右する稼ぎ頭的な存在が「主力商品」である。主力商品は必ずしも生活必需性が高いとは限らない。どちらかというと趣味嗜好性の強かったり、高価格・高単価商品であることが多い。

集客商品と主力商品は逆の特性を持っているということだ。

これをサトーカメラで例えるならば、集客商品の写真プリントに対して、主力商品はデジタルカメラということになる。

青果店ならリンゴに対して贈答用果物セット、クリーニング店ならワイシャツに対してスーツのクリーニング、リフォーム店なら蛇口の修理に対してシステムキッチンだ。

◉あなたの店の集客商品と主力商品を見つけよう

まずは次ページの図に、あなたの店の売れ個数の多い集客商品を埋めてみてほしい。

縦軸が商品の単価。上に行くほど低単価品で、下に行くほど高単価品である。

横軸は商品の売れ個数。右側の売れ個数が多いほうは生活必需品であり、普及率の高い商品ということだ。左側の売れ個数が少ないほうは趣味嗜好性の強い商品、耐久消費財的な商品という特性となる。

ここで商品選定を間違えると、売れるチラシが作れなくなってしまう。ぜひ、あなたの店の商品を、図に当てはめて考えてみてほしい。

通常、売れ個数が多い集客商品はAゾーン、一方、売上金額の高い主力商品は、BあるいはDのゾーンにある。

売れ個数が多い集客商品からは集客アップのヒントをつかむことができる。また、売上金額が高い稼ぎ頭の主力商品は、あなたの店のスター的な商品として売上アップに活躍することだろう。

あなたの店には集客商品と主力商品がある

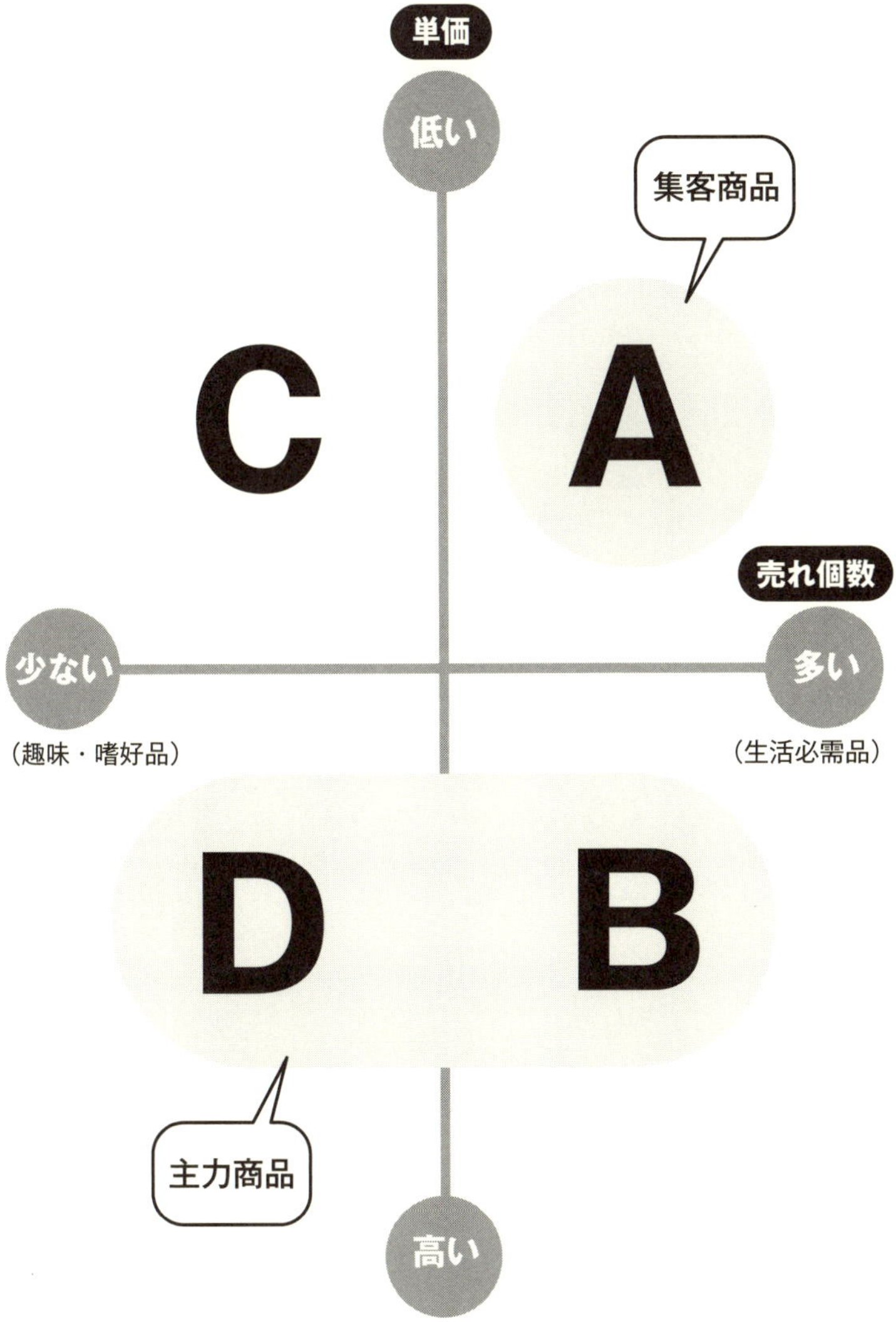

04

集客商品と主力商品それぞれの役割

売れ個数上位の集客商品は、売れ個数が多いものを指す。ということは、それは自然と低単価商品となってくる（前図Aゾーン）。

しかし、私たちのような中小店は、この集客商品を勘違いして、薄利で販売しているところが多いようだ。

たとえば、150円で仕入れた商品を、「セールの目玉だ」といって1個100円で安売りをしたりする。こうした客寄せパンダ的な目玉商品を「集客商品」と捉えていては、商売は厳しくなる一方だろう。

繁盛したいと思えば、どこもそんなバカな商売はしない。

100円で売りたいなら、80円で仕入れろ。**大手であろうと、中小店であろうと損してまで売ろうとは思ってはいけない。**

お客様が欲しがる、100円という価格で売りたかったら、あくまでもその価格で売れる商品を用意するのだ。

それなのに、私たちは間違った対抗心から、150円で仕入れたものを100円で損して売って、自店のほうがいいモノを安く売っている、自店のほうが頑張っている、と満足してしまうのである。

集客商品も莫大な売上と利益を生み出すということを再認識してほしい。

たとえば、今までの中小店的発想ならば、青果店の場合、1個100円で仕入れたリンゴを集客のために1個100円で販売すると、粗利0%だ。当然、100個売っても、粗利は0だ。

大手は、このような裾モノ的な集客商品こそ、しっかり儲かる商品を仕入れている。私たちも、安物だからといって売上や利益に対しても手を抜かないようにしなければならない。

◉集客商品で最大限の売上を生む

売上金額が高い主力商品をどうしても売りたいがために、ついつい低価格帯の集客商品をチラシに載せるのを忘れてしまうものだ。

このようなチラシを打ち続けた場合、肝心の現場はどうなるだろうか？

前項でも述べたように、まず、チラシをいくら打ち続けてもお客様の来店数そのものが上がらない。

商圏内マーケットにおける消費量から一般的な客数の割合を算出してみると、集客商品を存分に掲載したチラシによる来店客数を１００とした場合、主力商品しか掲載されていないチラシの場合1～10、つまり10分の1以下という事態が起きてしまう（次ページ図）。

いったい、どちらの店が業績がいいと言えるだろうか？　どちらが現場は活気が出てくるだろうか？

当然、単純に来店客数が多いほうが、現場の活気も出て、スタッフのやる気が出ると答えてくれるはずだ。

このように、集客商品でお客様を集めることで現場は断然活気づく。ということは、**自然と主力商品の見込み客も増える**ということだ。

つまり、主力商品を売りたければ、あなたの店の集客商品をチラシにふんだんに載せて来店客数を上げ続けることだ。そうすれば、必ず業績アップへとつながっていくはずであ

キャプション

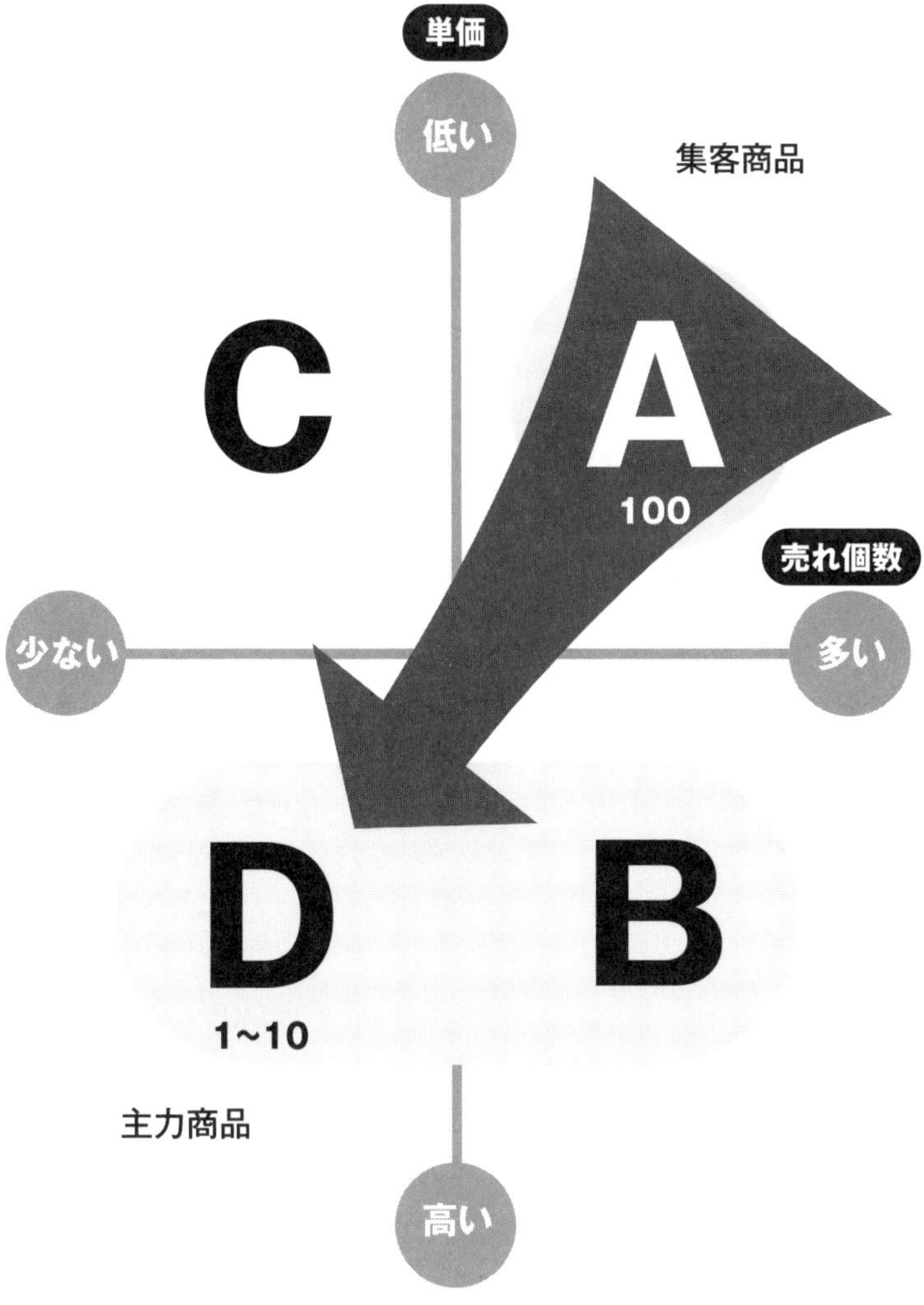

る。

一般的には、主力商品のピーク時にしかチラシを投入しないという店も多い。しかし、ピーク時に主力商品を売りたければ、シーズンオフのときも含め、年間を通してあなたの店の集客商品を使って見込み客を集め続けることが、**主力商品のピーク時に販売シェアを一気に伸ばす土台となる**のである。


基本的に集客商品というのは低単価の生活必需品的な商品であり、たいていの人が生活していくうえで、なくては困る商品だ。基本的に普及率が高いため市場が大きく、お客様が集まりやすい商品でもある。

あなたの店では今までごく当たり前の商品として、他の商品と同じように販売していたかもしれない。

しかし、それらの集客商品をチラシと連動し、商圏内のお客様にとって日常の必需品として育て上げ、そこから商圏内では誰もが使用するスタンダードなアイテムにしていくことが、売れるチラシ作りの最終目的だと言えるだろう。

05 流行りモノには振り回されるな！

「売れ個数が多い集客商品」と「売上金額が高い主力商品」を調べていくと、自然と商品の流行が見えてくる。

「流行りモノ」とは、比較的短期間に一気に人気を博し、そして**一気に飽きられ忘れ去られる商品**とも言えるだろう。わかりやすいところで言えば、芸人や歌手の世界の一発屋みたいなものだ。

私たちの生活は、平凡な日々の連続であるために、どうしてもこうした一過性のモノに心が躍り惹かれるのかもしれない。

確かに、私も商売をやっている以上、流行や話題性によって商品がたくさん売れることは、素直にうれしいことだ。

しかし、それは同時に、いずれ勢いを失う商品でもあるのだ。来月、そして再来月と、このような流行モノを見つけ出し、追い続けることは至難の技だ。

◉中小店が売るべきは「スタンダード商品」

さらに、われわれが流行だと感じたときには、もうすでにメーカーにも商品在庫がない状態だったりする。運よく在庫があったとしても、需要と供給のバランスで、仕入れ価格は自然と高騰するものだ。

また、逆に流行を先読みして、大量に在庫を抱えたまま売れ残ったというケースも少なくない。

流行をタイムリーに捉えきるということは、非常に難しいことだ。

うまく流行に乗って儲ければいいじゃないかと安易に思うかもしれないが、なかなかそう簡単にうまくいくものではない。ましてや、流行を先読みしたり、作り出したりすることが困難であることは言うまでもない。

私は**「流行に左右されないこと」が商売の王道**だと考えている。

流行に左右されないスタンダードな商品には、誰もが認める商品としてのよさがある。そうした商品には流行モノよりもはるかに高い存在価値があるものだ。

DO BOOKS NEWS

あなたのモチベーションを爆発的に引き出す7つのチカラ

坂田　公太郎著

すべてのカギはモチベーションにある！人はモチベーションさえあれば、スキルやノウハウ、知識、人脈などを簡単に手に入れることができる。あらゆる成果の核となるモチベーションを意識的に高めていくための7つの実践方法について、数多くのセミナーに参加し、さまざまな本を読み漁り、大きな変貌を遂げ、成果を残してきた著者が教える　本体 1,400 円

説得・説明なしでも売れる！「質問型営業」のしかけ

青木　毅著

「営業はとにかく辛い」――多くの営業マンのホンネだろう。お客様に商品やサービスの「説明」をして売ろうとすれば、嫌がられて当然だ。この問題をあっさり解決するのが、最初から最後までお客様に質問し、お客様の興味、関心を確認しながら販売する「質問型営業」だ。「質問型営業」で営業のイメージがガラリと変わり、お客様の態度も180度変わる！　本体 1,400 円

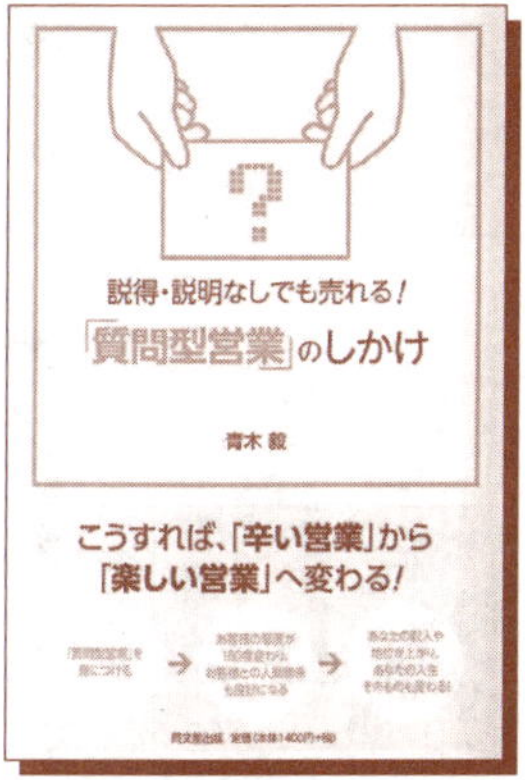

●創業 115 年
同文舘出版株式会社
〒101-0051　東京都千代田区神田神保町 1-41
TEL03-3294-1801/FAX03-3294-1807
http://www.dobunkan.co.jp/

DO BOOKS 公式ブログ　http://do-books.net

本体価格に消費税は含まれておりません。

★ DO BOOKS 最新刊 ★

5分で相手を納得させる！「プレゼンの技術」

藤木 俊明著

職種や社外・社内を問わず、プレゼンをする機会が増えている今、臨機応変に対応するチカラをつけ、「プレゼンに強い体質」になろう！　短時間で少人数が相手の「5分で納得プレゼン」の技術を身につければ、仕事がもっと楽しくなる！　本体 1,400 円

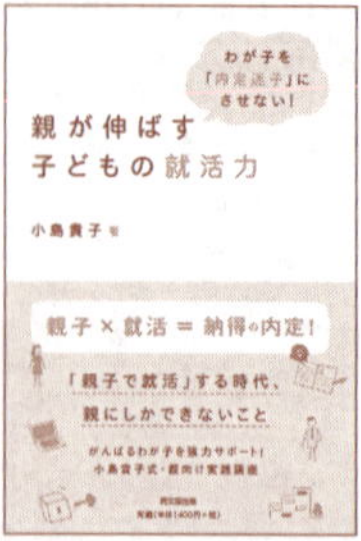

わが子を「内定迷子」にさせない！親が伸ばす子どもの就活力

小島 貴子著

激動の就活困難時代、学生がひとりで就活に立ち向かうのはもはや厳しい状況だ。イマドキの就活事情を知り、親だからできるサポートをしてあげよう。「内定迷子」にならずに納得の内定をつかむためのヒントを人気キャリアカウンセラーが教える　本体 1,400 円

本当の安心を実現する81の使える知識「社会保険」150％トコトン活用術

日向 咲嗣著

7万部突破の「150％トコトン」シリーズ、最新刊！　民間の医療保険に入らなくても、「ケガ・病気」「倒産・失業」「老後」「親の介護」など、公的保険でここまでカバーできる。最小負担で最大給付が受けられる、公的保険のしくみと徹底活用法！　本体 1,500 円

DO BOOKS 公式ブログ http://do-books.net

イメージコンサルタントが教える
第一印象で売る！ 信頼と共感の接客術
第一印象をアップしてお客様から選ばれる販売員になろう！
谷澤 史子著　本体1400円

社労士が年収1000万円稼ぐ一番シンプルな方法
仕事の幅と人脈が広がる社労士の新・成功ノウハウ
林 真人著　本体1500円

4コマまんがで
安全管理と労働災害防止の基本がよくわかる本
建設・土木・製造業の現場監督と作業員必携の書！
横山 誠著　本体1500円

「ありがとう」といわれる販売員がしている6つの習慣
〝ちょっとした〟習慣でお客様が喜んで買ってくれる！
柴田 昌孝著　本体1400円

携帯メール販促で繁盛飲食店にする！ 7つのルール
思い立ったら今スグ集客できる携帯メールの繁盛ノウハウ
山本 千晶著　本体1500円

確実に販売につなげる驚きのレスポンス広告作成術
レスポンスが着実に上がる広告づくりの「型」を徹底解析
岩本 俊幸著　本体1900円

90日で商工会議所からよばれる講師になる方法
ひっぱりだこの人気講師になって稼ぎ続ける最短・実践術
東川 仁著　本体1500円

あの繁盛サイトも「LPO」で稼いでる！
ホームページのアクセスを効率よく売上に変える賢い方法
川島 康平著　本体1500円

7日間で身につく！
驚異のテレアポ成功話法
「スクリプト」と「応酬話法」に的を絞って解説
竹野 恵介著　本体1400円

集客効果ナンバーワン！
売れるディスプレーはここが違う
豊富な実例にもとづいてビジュアルに解説
神田 美穂著　本体1700円

チラシで攻めてチラシで勝つ！
大型店に勝つチラシづくりのセオリーを公開
佐藤 勝人著　本体1400円

図解 なるほど！ これでわかった
よくわかるこれからの生産現場改革
問題山積の生産現場を立て直す実践的手法を徹底解説！
西沢 和夫著　本体1800円

新版 図解 なるほど！ これでわかった
よくわかるこれからの貿易
新制度にも対応！ 貿易取引の基本や実務をビジュアルに解説
高橋 靖治著　本体1700円

図解 なるほど！ これでわかった
よくわかるこれからのマーケティング
「マーケティング＝売れ続けるしくみ作り」の基本書決定版
金森 努著　本体1700円

図解 なるほど！ これでわかった
よくわかるこれからの物流改善
物流共同化を主軸に据えた「攻めの物流改善」を解説
津久井 英喜編著　本体1800円

図解 なるほど！ これでわかった
よくわかるこれからのSCM
SCM（サプライチェーンマネジメント）の基本から応用まで
石川 和幸著　本体1700円

税理士・会計事務所の儲かるしかけ
売上アップ・顧問先拡大を成功させる5つのしかけ
太田 亮児著　本体1500円

銀行融資を3倍引き出す！
小さな会社のアピール力
借りたいときに〝がっちり〟借りられる仕掛けとコツ
東川 仁著　本体1500円

社労士で稼ぎたいなら「顧客のこころ」をつかみなさい
士業サバイバルの時代に成功し続けるノウハウ&マインド
長沢 有紀著　本体1400円

今すぐ身につき、自信が持てる！
新人のビジネスマナー
デスクに1冊あれば、グンと差がつき、自信が持てる仕事のコツ
元木 幸子著　本体1300円

過去問で効率的に突破する！
「宅建試験」勉強法
3カ月で合格できる！「過去問を読むだけ」の正しい学習方法
松村 保誠著　本体1500円

過去問で効率的に突破する！
「中小企業診断士試験」勉強法
過去問をフル活用して合格をめざす「超・効率的」勉強法
日野 眞明監修／斎尾 裕史著　本体1500円

独学・過去問で確実に突破する！
「社労士試験」勉強法
過去問に焦点をあてた「省エネ」勉強法で合格を勝ち取る！
池内 恵介著　本体1500円

○一般・実用書

図解 なるほど！これでわかった
よくわかるこれからの流通
日本の流通業の現状と課題、変化の方向性がわかる
木下 安司著　本体1700円

図解 なるほど！これでわかった
よくわかるこれからの貿易
貿易実務の概要から今後の方向性までを詳述
高橋 靖治著　本体1700円

図解 なるほど！これでわかった
よくわかるこれからの物流
物流のすべてをビジュアルに解説！
河西 健次・津久井 英喜編著　本体1700円

図解 なるほど！これでわかった
よくわかるこれからの在庫管理
在庫管理のすべてをビジュアルに解説！
成田 守弘著　本体1700円

図解 なるほど！これでわかった
よくわかるこれからの品質管理
入門者から管理者まで対応、品質管理の手引書
山田 正美著　本体1700円

図解 なるほど！これでわかった
よくわかるこれからの外注管理
効率的に外注管理をすすめるポイントとは？
坂田 慎一著　本体1700円

図解 なるほど！これでわかった
よくわかるこれからの生産管理
生産管理のすべてをビジュアルに解説！
菅間 正二著　本体1700円

ビジネス契約書の見方・つくり方・結び方
契約書の各条項の意味と役割、雛形の変更例を多数提示
弁護士 横張 清威著　本体2700円

自分の力ではどうにもできない、降って湧いたような流行モノに振り回されるより、自身の努力によってチャレンジできる商品に目を向けて、腰を据えて商圏内で市場を広げていこう。

集客商品でも主力商品でも、狙うべきは「スタンダード商品」なのである。

◉価値に共感してくれるお客様が中小店のメインターゲット

われわれがターゲットとすべきお客様についても、同じことがいえる。

お客様は、次の4つのタイプに分けられる（111ページ図）。

①価値にあまりこだわらなくて、流行に左右されるお客様

お客様の10％は、商品そのものの良し悪しはあまりわからないが、ただ流行っているから買っている。

たとえば、「テレビで見た」「雑誌で見た」「好きな芸能人が持っていた」等々、一般的には「ミーハー」志向ともいえるだろう。

②価値にこだわって、流行に左右されるお客様

お客様全体の20％は、商品そのものの良し悪しはわかり、流行に敏感な人たちだ。その商品に対する「マニア」的な存在でもある。

同じ流行品でもその商品のよさを知って買うのと、①のようにミーハー的に買うのとでは、根本的にお客様の視点が違う。購入商品はたとえ同じだったとしても、お客様の体質は同じひとくくりではないということだ。

③流行に左右されず、価値にあまりこだわらないお客様

お客様全体の30％を占めるこのタイプのお客様が、マーケットのボリュームゾーンであり、チェーンストア産業の対象だ。

大手チェーン店により生活が便利になった反面、大手チェーンに行っても「食べたいものがない」「買いたい服がない」「買いたい靴がない」と感じることはないだろうか？　それは、チェーンストア理論の商品構成が「流行に左右されず、価値にあまりこだわらない」お客様をターゲットにした戦略だったからだ。

なぜ、大手チェーンはこの客層を狙うのか？　それは一番効率がよく、最大のボリュームを創出しやすいターゲット層だったからである。

お客様は４つのタイプに分けられる

価値＼流行	あまりこだわらない	こだわる	計
左右される	10% ❶	20% ❷	30%
左右されない	30% ❸	40% ❹	70%
計	40%	60%	100%

どんな商品でも人によって使い方や価値観が違う。
「消費の四極化」は進む傾向にある。

④流行に左右されず価値にこだわるお客様

残りの40％の、流行に左右されず価値にこだわる人たちこそ、われわれローカルチェーンや中小店がメインターゲットとするべきお客様だ。

このお客様は、流行には振り回されず、ものの良し悪しがわかる。自分なりの価値観を持っているため、商品の価値がきちんと伝われば、共感してくれるお客様である。

このように、中小店のメインターゲットは、われわれが売りたいスタンダード商品の価値を見出してくれるお客様だということを覚えておいてほしい。

06 「集客一番商品×主力一番商品」で勝ち残れ！

「集客商品」の中でもこの「流行に左右されないスタンダード商品」こそが、**「集客一番商品」**としてあなたの店の代表商品となるだろう。

店の目的は、あくまで商品で集客することだ。つまり、集客一番商品を一品でも多く持った店だけが、地域間競争に勝ち残ることができるというわけだ。

そのために**集客一番商品をチラシの一等地を使って、意図的に売り伸ばしていかなければならない**ということである。

商品で集客力をつけることが、チラシ本来の役割なのだ。

一方、売上金額が高く、稼ぎ頭の商品が主力商品だと述べたが、あなたの店にも必ず売上に大きく貢献する主力商品があるはずだ。これらは、市場シェアを押さえ、強い店を作る商品でもある。

この「主力商品」の中でも、売上高の20～50％を占めるスタンダードな商品が**「主力一番商品」**だ。

今まで、高単価品として意識的には強化していたものの、大手の進出に競争も激化し、結果的には儲からずに負けっぱなしという店も多いはずだ。

とにかく、**「今までの売り方」ではダメだ**ということを理解してほしい。

商品は勝手に売れると身を任すのではなく、主力商品の中から意図的に「売りたい商品＝お客様が買って得する商品＝売って儲かる商品」、つまり店の売上高を左右する「主力一番商品」へと育てていくのである。

集客一番商品と同様に、主力一番商品を多く育てることも、地域のお客様から支持される強い店の条件だ。

自分たちの主力一番商品で売上高を上げ、市場シェアやお客様支持率を上げていくことが、**商品を通して地域に貢献すべき、われわれの義務**ではないだろうか。

◉チラシは二大戦略商品で攻めていけ！

以上で述べたように、あなたの店の集客一番商品と主力一番商品こそ、店にとっての**一番強力な二大戦略商品**なのである。

私の好きな野球で例えるならば、あなたのチームに安打数の多い一番バッターと打点が多い4番バッターがいるようなものだ。

一番バッターは安打（売れ個数）が一番多い「集客一番商品」。
四番バッターはランナーを返す打点（売上高）が一番高い「主力一番商品」。

このような、異なる体質の二大スター商品こそが、あなたの店で最も活躍している「勝敗を左右する商品」なのである。

これらの商品が不振だと、店全体が不振になる。しかし、これらが活躍すれば、あなたの店の売上は必ず上がる。店に高得点をもたらすこの二大戦略商品が、あなたの店にとって、まさに必要不可欠の商品であることを認識してほしい。

ズバリ言おう。

売れるチラシの極意とは、**「集客一番商品×主力一番商品＝二大戦略商品」で攻めてい**

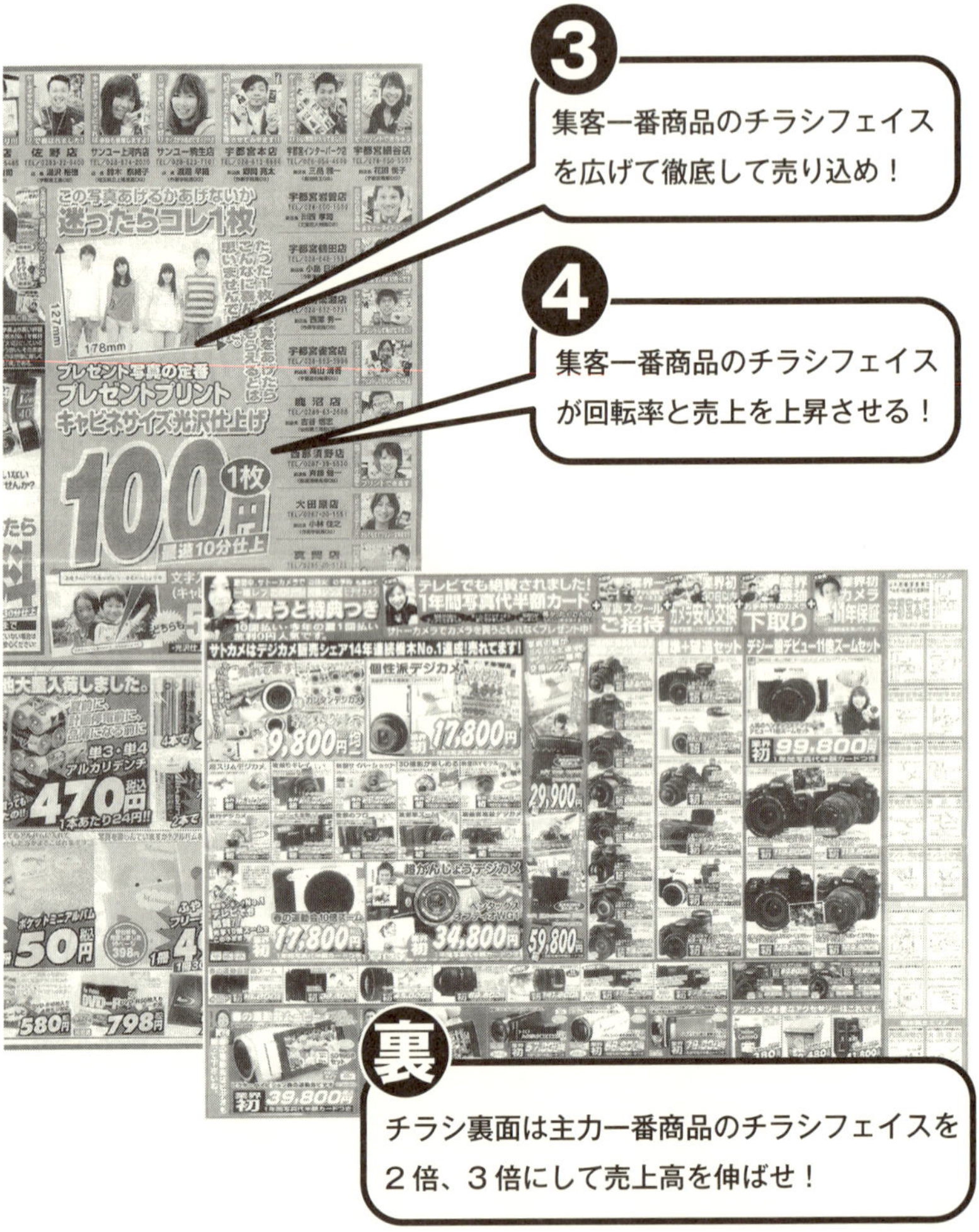

3
集客一番商品のチラシフェイスを広げて徹底して売り込め！
4
集客一番商品のチラシフェイスが回転率と売上を上昇させる！
裏
チラシ裏面は主力一番商品のチラシフェイスを2倍、3倍にして売上高を伸ばせ！
迷ったらコレ1枚
プレゼントプリント
キャビネサイズ光沢仕上げ
100円
1枚
最速10分仕上
1年間写真代半額カード
サトカメはデジカメ販売シェア14年連続栃木No.1達成！売れてます！

競合店に勝つ！ 売れるチラシフェイスの極意

1 売れ個数上位 10%の商品からチラシフェイスを改革をしろ！

5 集客一番商品はチラシフェイスの大きさで主張して異常値を叩き出せ！

2 商品を平等に扱うな！チラシフェイスに極端な差をつけろ！

くということだ。

具体的には、あなたの店の集客一番商品をチラシの表面で、2倍、3倍のチラシフェイスにして集客し、チラシの裏面で主力一番商品をトコトン掲載し、売上を伸ばしていく。

前ページに「売れるチラシフェイスの極意」を掲載した。このチラシ戦略を実践すれば、あなたの店の販売量は2倍にも3倍にも10倍にもなり、地域シェアNo.1を獲得できるはずだ。

07 繁盛したければ二大戦略商品を育てていけ！

市場競争を避けているようでは、店の成長は望めない。競争の中にしか店の成長はないのである。

しかし、隣の大手チェーンで売れている商品を真似して仕入れ、一緒になって売っているようでは、同質競争になってしまうのは避けられない。

大手メーカーや大手量販店が、自分たちが儲かるように大衆に向けて仕掛けた集客アイテムに、私たちのような中小店やローカルチェーンが手を出せば、価格競争の消耗戦になるだけなのである。

大手も中小も関係なく、勉強不足の商品部やバイヤーによく聞かれるのが、取引先メーカーや問屋に「売れる商品」「競合店で売れている商品」「全国で売れている商品」がもっと欲しいと言うセリフ。

これでは、**競合店と売り場も、売る商品も、チラシも同じになってしまう**ということだ。

現在のような不況期が続くと、誰もが小心者になるが、どこでも扱っている商品ばかりを揃える「好青年タイプのバランス型」では乗り切れない。

こんなときこそ志を高く持ちながら、現在できることに着手すること。そして、業界に前例がない桁外れのことをやっていかなければならないのだ。

◉二大戦略商品を育てれば価格競争に巻き込まれない

あなたの店の集客一番商品を2倍3倍のチラシフェイスでアピールして集客し、主力一番商品で売上を伸ばしていく。この売れない時代のチラシ戦略で、販売量を2倍にも3倍にも10倍にもしていこう。

競争に勝つということはマーケットの中でバランスを外し、際立つことだ。

あなたは売り場に並ぶ商品1個1個を吟味し、観察し、研究しているか？

その一品はどう買われて、どう使われて、どういう人が買っているのか、よく観察してみてほしい。

店では目立たないかもしれないが、売上や利益に結びつく商品はあなたの店にたくさん眠っているはずだ。それをもっともっと売る方法を考えることがチラシの原点なのである。

競争環境の変化に文句を言って、**売れない自店を正当化するような並の商人にはくれぐれもならないでほしい**。

集客商品を育て上げ、まずはその一品を桁外れに売ってみること。そして主力商品の見込み客を根こそぎ捉え、売上をトコトン伸ばしていくこと。

この二大戦略商品を一品一品育て続けるチラシ戦略こそ、他店との差別化となるのだ。

佐藤勝人の
チラシで喝！

売ることから
逃げたら終りだ

5章

二大戦略商品は ライフサイクルで 育てていけ!

01 商品を売りたければライフサイクルを捉えろ！

ここまで商品を「集客一番商品」「主力一番商品」に育てることについて伝えてきたが、そのためには商品の売上傾向を時系列で見ていくことも重要だ。

これら二大戦略商品は2~3年の間に、売上が伸び続けているのか、上がりも下がりもせずに現状維持でいるのか、どんどん下がり縮小されているのか、およそ大きく3つの傾向に分かれるからだ。

また、前章で述べたように、二大戦略商品は流行商品を除外して考えよう。短期間ですぐに消えてしまうような流行品に振り回されていたら、よほどの商才がない限り稼ぎ続けることはなかなかできないからだ。

さらに、集客一番商品と主力一番商品の2~3年の時系列の傾向とともに、それらの

「ライフサイクル」はどの段階か？　を組み合わせて分析することが必要だ。

ライフサイクルとは、世の中の一般的な市場動向や風向きのこと。お客様の商品に対する思考も、このライフサイクルとともに移行していく。

◉ライフサイクル別の販売方法を知る

どの商品にもライフサイクルがあり、それによって売り方やチラシの攻め方が変わってくる。

商品のライフサイクルは、

①導入期
②成長期
③成熟期
④安定期

の４つの時期に分かれ、各時期によって販売方法の特徴やチラシでの訴求方法が異なる。

①導入期

まだ世に知られていない状態。世の中に普及していない状態のため、お客様はその商品

商品のライフサイクル別チラシの訴求方法

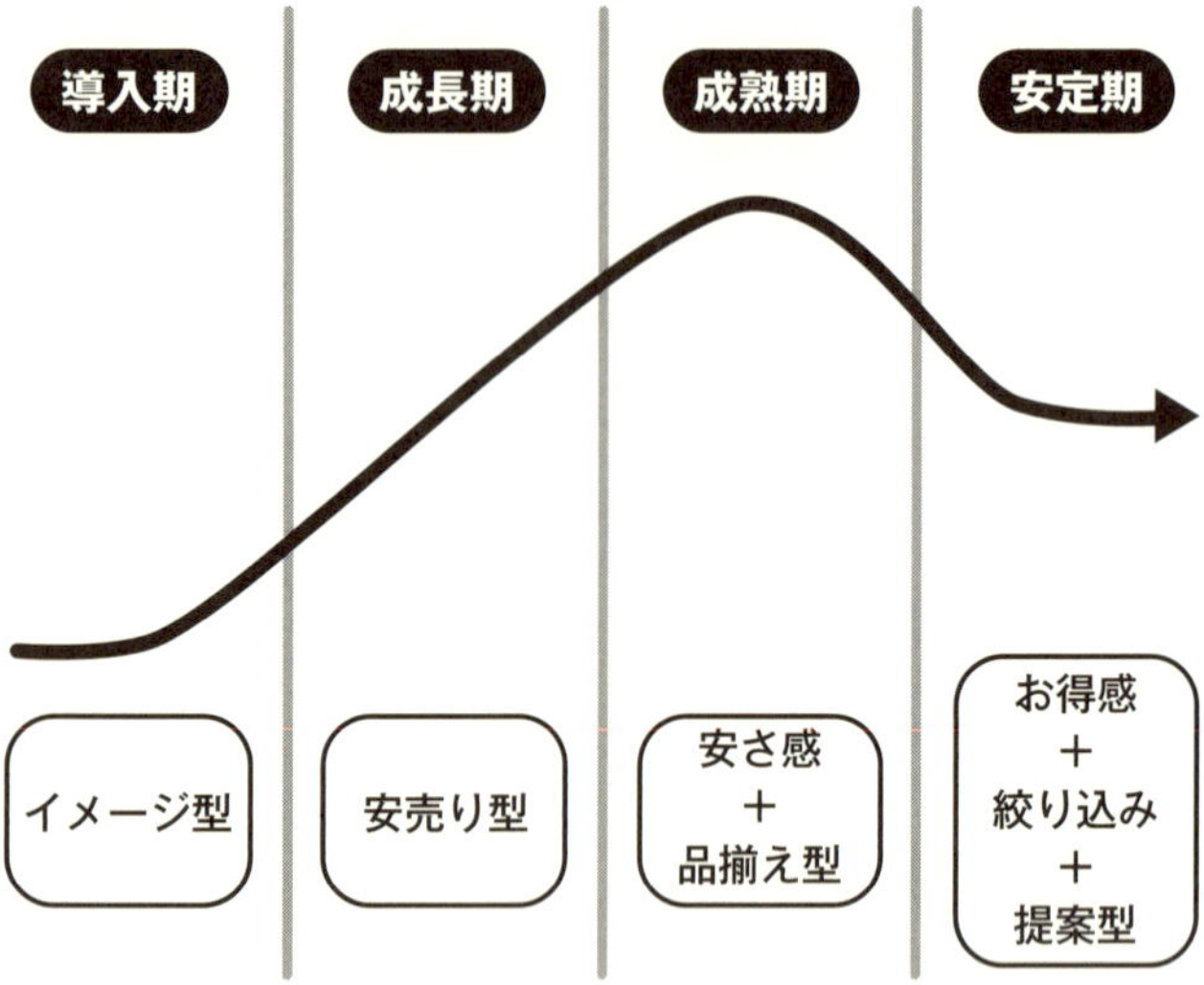

に対するイメージすら持っていない。その価値すらわからないということだ。

一般的には競合が少ないため、売れば儲かる商品とも考えられる。まだ市場で知られていないサービスであり、未開部門の商品なので、自分がその商品を使用するイメージをお客様に持ってもらうことが大事だ。

導入期での訴求方法は**「イメージ訴求型」**で行なう。

「これはおもしろそうだな」「これはおいしそうだな」「これはかっこいい」と興味を持ってもらうことが先決だ。

お客様がまるきり知らなかった商品について、興味を引き出し、「欲しい」

という欲求を駆らせるには「イメージ」が最重要になる。

②成長期

その商品が認知され、一気に普及するのがこの段階。

おもしろいもので、その商品が成長期に入ると、他業界や他業種もどんどんその商品を扱い始める。みんな「勝ち馬に乗れ」となるわけだ。

そうなると、価格競争が勃発して一気に値段が下がる。メーカーも市場シェアが欲しいので、どんどん値段を下げてくる。

そうやって値段の叩き合いになるとメーカーも儲からないので、常に新商品を投入しなければならないようになる。

成長期の訴求方法としては、**「安売り訴求型」**がメインとなる。

たとえば、携帯電話の例で考えてみるとわかりやすいだろう。約20年前の「導入期」当時は、携帯電話は数十万円もした。

それが十数年前、携帯電話が成長期に入り、販売価格が10万円を切ると、一気に普及し始めた。以降は、メーカーも新商品のラッシュ。技術革新を繰り返しながら、一気に成長路線を駆け抜けた。

成長期は商品を量産して、世の中に知らしめるチャンスでもある。一気に大きなボリュームで市場を押さえることができ、メーカーとしては一番儲かるチャンスだ。

成長期の間、お客様は新商品が出るたびに買ってくれる。小売側としては、お客様の需要が多いため商品の奪い合いとなるが、メーカーが量産体制となるので価格は安くなっていく。

そのため、価格競争へと突入し、小売側は粗利率ではなく、量を売って儲けるしかない時期でもある。

③成熟期

技術革新がほぼ止まり、高付加価値の「成熟期」となる。

成熟期に入ると、市場環境も買う側も、二度三度と商品を買い換えることにより、「安売り型」から「品揃え」が多い店へと移行する。お客様の感覚も「品揃えがたくさんあると安く感じる」に変わり始める時期だ。

商品に置き換えるならば、性能が「多機能」になるということだ。

携帯電話で言うならば、「デジカメ機能がついた」「カメラが何万画素になった」「GPS機能がついた」というように、新しい便利な機能がどんどん付加されることによって価値が上がったということである。

メーカー側も1アイテムを大量に作る生産体制から、アイテム数を増やす体制になっていく。

買う側のお客様も商品発売当初や成長期のうちは、他の人と同じじゃないと心配だという感情から、商品に慣れ親しむことで他の人とは違うものを求め始める傾向が出てくる。

「成熟期」の訴求方法としては、「新機能がついた割には安いわね」というような、**「安さ感＋品揃え訴求型」**となる。

④安定期

「成熟期」で多品種生産を追求していけばいくほど、メーカーの生産効率は悪くなっていき、一般的には普及率がある程度になると、「衰退期」へと向かう。しかし、私はこの時期を「衰退期」とは考えておらず、「安定期」と捉えている。

この「安定期」に入る前に、なぜか大手チェーンや大手メーカーの動きが変わってくる。まず、大手チェーンは市場のライフサイクルに則って売り場を縮小する。また、大手メーカーも市場のライフサイクルに則って小ロット小生産へ向かっていく。

大手は、新たに成長する商品部門を見つけ出し、次のビッグウェーブに乗ろうとするというわけだ。

それらの大手の動きを踏まえて考えても、われわれ中小にとっては「安定期」だと言えるだろう。

なお、「安定期」の訴求方法としては、今までの価値を打ち出すだけでは衰退してしまう一方なので、自店の商品を見極め、商品の新たな価値を見つけ、チラシで伝えていく**「提案訴求型」**となる。

02 中小店は安定期の商品を狙え！

前項の通り、ライフサイクルに則った売り方をするのは大手の戦略にすぎない。

同じことを中小店やローカルチェーンが行なえば、成長期は安売り型で量を売らなければ儲からず、成熟期に入ると品揃え型になりキャッシュフローで苦しむわけで、永遠に利益は上がらない。

われわれは、これまでの大手の成長戦略を追求するのではなく、安定期の「スタンダード商品」を狙い、新たな市場を創造していくべきだ。

安定期に入ったからといって、衰退するわけでも何でもないし、ほとんどの商品はなくなることはない。商品のライフサイクルによって、単にお客様の意識や買い方が変わってくるだけなのだ。

◉ライフサイクルによってターゲットや価値も変化する

商品の普及率を〝満腹度合い〟で考えてみよう。商品が普及する前の、お腹を空かせた状態の人に「今日の夕食に何を食べたいか？」と聞けば、「スパゲティーが食べたい」とか「寿司が食べたい」とか、すぐに具体的なメニューが出てくることだろう。

だから、成長期から成熟期に向かう時期は、品揃えさえしておけばよかった。

しかし、時代は変わり、普及率も頂点を達するとどうだろう。それこそランチを食べ終わったばかりのお腹が満たされた人に対して、「今日の夕食に何を食べたいか？」と聞いたらどう反応するだろうか。多くの人が「何でもいい」と答えるであろう。

これが安定期に入った商品の売れ方なのだ。ということは、その「満たされているから、何でもいい」という人たちに新たな価値を伝え、売り込まなければいけないということだ。今までのような売り方では、通用しないのである。

ライフサイクルが変われば、売り方が変わる。

ランチでお腹いっぱいの人に、どうやったら今日の夕食を売れるだろうか？「おいしい牛肉が入りましたよ」だけで売れるだろうか。「激安半額」だけで売れるだろうか。

安定期のお客様は、今あるモノに満足して買わないのではない。新たな価値を打ち出せば、その付加価値によって買ってくれるのである。

03 安定期の商品は惰性では売れない！

商品の新しい価値は、発想次第でいかようにも創り出すことができる。

たとえ同じ商品でも、たとえ同じ商圏でも、買ってもらう相手は同じでも、**その商品を使う対象を変えるだけで、新しい市場を創造することができる。**

サトーカメラでは、集客一番商品の「プレミアムデカプリント額セット（4切りサイズ）」（1セット3000円）が母の日、父の日に大ヒットした。

その商品は、私たち写真のプロがお客様の写真の中から、ベストショットの1枚を選び出して額装するという、世界でたったひとつの完全オリジナルギフト。

母の日や父の日というと、もちろん定番のお花やネクタイなどもうれしいものだが、贈り物をもらうお母さんやお父さんの気持ちになれば、何と言っても孫の写真には敵わない。

写真代として考えると高いかもしれないが、ギフトとして考えたら、3000円という価格帯は安い部類であり、何より母の日や父の日の最高のサプライズギフトとして新たな需要が生まれたのである。

このような商品が大ヒットしたということは、お客様の嗜好が「価値訴求型」に変化しているということだ。

◉価値の多様化をしっかり捉えろ!

たとえばそれは、醤油1本を売ることでも同じだ。

成長期には、あるメーカーの商品が一気にシェアをとることができたかもしれない。だから、煮物の醤油も、刺身の醤油も、1本の醤油ですべてが間に合っていた。

しかし、成長期を過ぎた安定期の現在はどうか? たとえば、卵かけご飯用の醤油がヒットしたように、用途別に数種類の醤油を使い分ける家庭も少なくない。

消費量は増えていないのに、使用目的に合わせて商品を使い分けるぐらい、**多品種多様少量化してきた**というわけだ。

どの商品に対しても、ライフサイクルは存在する。そして、商品のライフサイクルとお客様の買い方は並行しているのである。

「ないからほしい」という成長期とは異なり、安定期は満たされているのに買うお客様の価値の多様化が特徴だ。

そのときに、中小店のわれわれにどんな価値の提案ができるかが、大手に打ち勝つためには重要になってくるわけだ。

安定期の商品は、惰性では売れない。お客様に「お得感」という価格を超えた価値観を持ってもらうために、まずは、ライフサイクルで商品をきちんと価値分析してほしい。

04

二大戦略商品の価値をライフサイクルで捉え直せ!

二大戦略商品は、安定期のスタンダード商品を狙えと言ったが、安定期の商品である以上、新たな価値を見出す工夫をするしか売上アップはありえない。

売上を伸ばし続けていくためには、今売れている二大戦略商品の集客一番商品と主力一番商品が売れている理由を再認識し、それをお客様に向かって発信し続けることだ。

売れている理由とは、一言で言えば、**商品の価格より価値が高い**ということだ。だから売れている商品そのものが持つ価値が何なのかを突き詰め、理解しておく必要がある。

ほとんどの人は、自店の商品についてわかっているようで、よくわかっていない。だから、「うちで扱っている商品は、隣の店の商品とほとんど変わりません」なんてバカなことを言い出すのだ。私は「隣の店と同じなら、そんな商品を売るのはやめろ」と指導している。

われわれ中小店やローカルチェーンは、商圏を絞り込んで商売をしているが、集客一番商品や主力一番商品の新たな価値をあらゆる角度から、あらゆる客層に向けて打ち出していけば、マーケットはどんどん広がっていくのだ。

安定期には、お客様の価値観も多様化される。商品が多品種化されて、選べる楽しさ、新しい価値を得る豊かさをお客様は知っているのである。

これこそ、中小店が大事にすべき商品とお客様との関係だ。

それをわれわれ売る側が、どの商品も同じだと捉えるのか、それとも、その商品が持つ1％の機能の違いを打ち出すのか？　ということだ。

新たな価値を伝え、生活を豊かにする提案をするのが、われわれの仕事だ。

たった1％の違いだとしても、お客様にとっては雲泥の差。たとえ1％の違いでしかなくても、私たちは商品の価値を徹底的に追求していく必要がある。

◉お客様は価値に気づけば買ってくれる

新しい価値の打ち出し方については、3章でも述べたが、ここで別の指導先の例を紹介しよう。その店の集客一番商品はA社のミネラルウォーター。メーカー側としては、若い女性に飲んでもらいたいという。

しかし、このミネラルウォーターは赤ちゃんが飲んではいけないのだろうか？　年配の方が飲んではいけないのだろうか？

そこで、商品そのものの持つ機能や成分を調べると、「ある成分が他社製品よりも多い」という事実を知る。

ならば、年配の方には「お茶を飲むときに、このミネラルウォーターで沸かしてお茶に使うと肌にいいですよ」とか、お母さんには「この水には○○成分が多く含まれているから、このミネラルウオーターでミルクを作るとカルシウムの吸収にいいですよ」というように、新たな客層に対して価値を訴求できるわけである。

1つの商品に対して、商品そのものの持つ価値をさまざまな視点や角度から徹底して調べ抜き、商圏内のあらゆる客層に伝えていこう。

特に**安定期の商品群については、すでにお客様も自分なりの価値観を持っている。**

たとえば、「私はいつもこれを使っているから」といって商品を選ぶということだ。

ならば、お客様に「なぜ、その商品を使っているのですか？」と聞けばいい。

お客様も、そんなに深い根拠があってその商品を選んでいるわけではない場合もある。
そこで提案したい商品の情報を教えてあげれば、その商品の新たな価値に気づき、お客様は購入してくれることだろう。

ライフサイクルによって売り方は変わる。売り方が変わると、商品の仕入れ基準も、販促方法も変わってくるわけなのだ。

「大手チェーンではどれが売れているのか?」ではなく、「この地域に、この商品で、どんな豊かさを提供できるのか?」という考えを身につけてほしい。

05

商品の4つの価値

さらに商品の価値について、理解を深めていこう。なぜなら、商品の価値に対して安易に考えすぎている傾向があるからだ。

ここでもう一度、商品に対する価値基準を捉え直してほしい。

次ページの図は、商品を因数分解したもので、分子は**「商品そのものの価値（①商品価値＋②利便性価値）」**と、**「店の個性（③サービス性価値＋④あなたの個性価値）」**の積算となっている。

分母は、**「経済性価値＝販売価格」**である。

一般的なチラシには、商品名や写真と一緒に、この販売価格が大きく掲載されているはずだ。

「安売り型」の成長期であれば、その商品の写真と価格を載せるだけでも十分だった。

商品には４つの価値がある

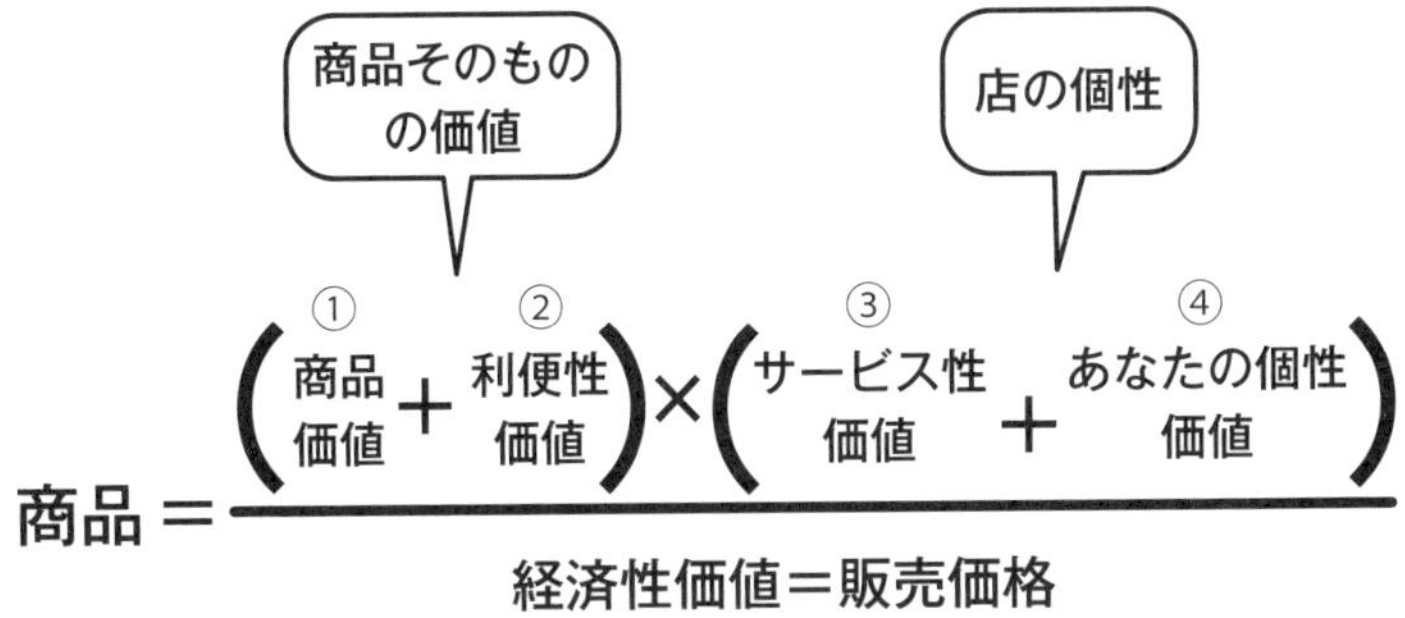

他の店よりも商品を売りたければ、価格を下げてチラシに掲載すれば、商品は簡単に売れたのである。

なぜ商品名と価格だけでも売れたのかというと、成長期の商品に関してはテレビＣＭなどで「大まかな商品価値」をお客様が知っていたからだ。

ところが、すでに述べたように、安定期の商品は新たな価値をきちんと打ち出さなければ、集客一番商品であっても主力一番商品であっても、売上につなげることは難しい。

チラシで価格以外に訴求できる商品の４つの価値について、以下に説明していこう。

①商品価値

商品価値は、「商品そのものの価値」のこと。

たとえば、先ほどの集客一番商品だったミネラルウォーターの場合、「これは水です」では売れるわけがない。

まずは、「この商品には、どんな成分が含まれているのか？」ということを調べる。そこから「このカルシウム何g、マグネシウム何gというのは、どういうことなのか？ これだけ含まれることはどれだけすごいことなのか？ 他製品と比べてどれだけのものなのか？」ということを分析していくのである。


サトーカメラの「集客一番商品」であるデジタル写真のサービスサイズにしても同じだ。どのメーカーのどういう成分のペーパーを使い、どのメーカーのどういう性能の現像薬品を使い、これらが組み合わさることでどういう仕上がりとなるのか。さらに、プリントアウトするマシーンの性能機能も調べ上げ、最後にそれを誰が焼くのか、その技術者のレベルまでこだわる。

1枚39円の写真プリントにもこれだけのこだわりを持って、材料から製作、製造に至るまでの道のりがあるのである。

そして、これらがサトーカメラのデジタル写真サービスサイズの持つ商品そのものの価値だった。

現場もチラシ制作者も、このような「商品価値」を知っている人があまりにも少ない。

あるいは、長い間扱っているために、自分にとっては当たり前の機能や性能に感じてしまっていたということもある。

商品の成分を書き出すだけでも、最初はかなり時間がかかるだろう。

しかし、このような商品の性能の価値情報を集めていくと、「この商品はこんなにすごかったのか！」という商品の強みが自然と浮かび上がってくるはずだ。

②利便性価値

利便性価値とは、「この商品は、なぜこういう形になっているのか？　なぜそう使うのか？」という商品を最大限に活かすための、デザイン性や利用方法における価値のこと。

たとえば、先ほどのミネラルウォーターなら、「飲み口が大きいのは、スポーツ時に飲みやすくするため」など、商品の形状そのものに必ず意味がある。商品そのものの利用価値のことである。

デジタル写真で言えば、サービスサイズとはなぜそのサイズなのか？　タテ○㎝×ヨコ○㎝なのか？　ということだ。「このサイズが手軽でコンパクトなのに、その中でも一番規格が大きく、視認性がいい」とか、「アルバムに整理するのにも、標準サイズなので一番適切なサイズである」などといった利便性価値を示すことができる。

「なぜ、このデザインなのか？　なぜ、この形なのか？　なぜ、そのサイズなのか？」ということを徹底的に調べ上げてほしい。

③サービス性価値

サービス性価値とは、①・②の「商品そのものの価値」を理解したうえで、「どうやってお客様の立場に立って、わかりやすく伝えるか」ということだ。

たとえば、「これ1台に、辞書が50冊分入っている」という電子辞書を紹介するときに、売り場なら実際に50冊の辞書を並べてみる。そうすると、それを見た人は「これだけの辞書が入って1万円は安いな」と感じてくれる。

つまり、お客様に対して、「商品の持つ価値を一目でわかるようにした」ということだ。

サービス性価値とは、チラシでいうキャッチコピーに値する。そのため、一言で表現することが重要だ。

たとえば、大正製薬のリポビタンDは、「ファイト一発」というキャッチコピーで表現されている。これは、「タウリン１０００㎎配合」という商品の性能を、たった一言で表現しているわけだ。

われわれの場合、このような「全国のお客様を対象とした言葉」ではなく、「自分の商圏内のお客様に合った言葉」で表現する必要がある。

商品とお客様をつなぐサービス性価値は、ライフサイクル・地域・季節・客層などによって表現の仕方が変わってくる。

サトーカメラの集客一番商品のサービス性価値とは、写っている人の思い出や、撮る人の想いが詰まっている1枚の写真を手帳に挟んで持って歩いても、ホームプリンターでプリントアウトした写真のようにインクが滲まない、太陽光でも色褪せない、たとえ水に濡れても色落ちしない、また、お子さんと一緒に家族のアルバム作りが楽しめるプリントサイズ……というように、商品の価値をお客様視点で行動やストーリーに落とし込んだりして、言葉で書き出してみる。

そして、書き出した言葉から余分な言葉を削ぎ落としていくことで、最終的にはキャッチコピーというサービス性価値を生み出せる。

この方法でサービス性価値を打ち出したのが、サトーカメラのデジタル写真サービスサイズのキャッチコピー「たった1枚の写真をあげただけでこんなに喜んでもらえるとは思いませんでした」である。

④あなたの個性価値

「あなたの個性価値」とは、店側（売る側）の「見える化」ということだ。

チラシでも、商品はもちろん、店の外観、店内、スタッフなどを「見える化」することは効果的だ。

しかし、チラシで生産者を「見える化」することは不要だと思っている。よく「この豚は、うちの豚だよ」などと言って、おじさんが豚と一緒に写ってるチラシとか、おばあちゃんが大根を持って、「これ、私が作った大根です」という写真をチラシに掲載しているチラシを見かける。

店側の「生産者が見えるような商品を売っています」というアピールかもしれないが、それを見て、はたしておいしそうに見えるか？　お客様にとってはどうでもいい情報ではないだろうか？

お客様はあなたの店を信頼して、商品を買ってくれる。

売る側であり、買いつけた側であるお店の人たちが「このみかんは甘くておいしいですよ」と言うから、お客様も「あなたが言うなら間違いないわね」と言って買ってくれる。これが「商売」だ。意地悪な言い方をすれば、大手は、生産者を見えるようにして、何か問題が起きたら生産者の責任にするのかもしれない。

しかし、中小店はそうではなくて、現場のスタッフが「甘くておいしい」と商品をすすめて売っていこう。そのためには、現場も一所懸命、商品価値を調べる必要がある。

売上は「誰が売るか」によって変わってくる。

「甘くておいしい」と誰が言っているのか？　社長なのか、バイヤーなのか、店長なのか、担当者なのか？　それをチラシで表現していくことは、非常に重要だ。

生産者などではなく、あくまでも売る側の主役が顔を出してすすめるから、お客様は納得して買ってくれるのだ。

大手チェーンや大手メーカーは、日本全国がマーケットであるから、有名タレントを使うのだ。世界をマーケットと考えれば世界で有名なタレントを使うだけだ。

われわれは地元商圏がマーケットなのだから、チラシを通してあなた自身やあなたの店のスタッフが積極的に顔を出して売っていけばいいのである。

佐藤勝人の
チラシで喝！

我々が勝たなきゃ
誰が勝つ

6章

「集客一番単品×主力一番単品」でシェアを勝ち取れ！

01

「単品」レベルでシェアを獲れ！

あなたが買い物をするとき、「今日は食品を買おう」とはまず言わないはずだ。「果物を買おう」とか「肉を買おう」とは言うかもしれないが、実際には「今日はリンゴを買おう」とか「豚肉を買おう」と考えるだろう。さらに言えば、「○○産のリンゴが欲しい」という指名買いもあるかもしれない。

商品は、次ページの図のように、**「部門―単品ライン―単品―アイテム」**と分類される。部門に向かうほど抽象的で、アイテムに向かうほど具体的になる。

リンゴの場合、「部門＝食品」「単品ライン＝果物」「単品＝リンゴ」「アイテム＝○○産のリンゴ」ということになる。

また、コンパクトデジカメの場合なら、「部門＝カメラ」「単品ライン＝デジカメ」「単品＝コンパクトデジカメ」「アイテム＝ソニーのサイバーショット」となる。

商品の分類レベル

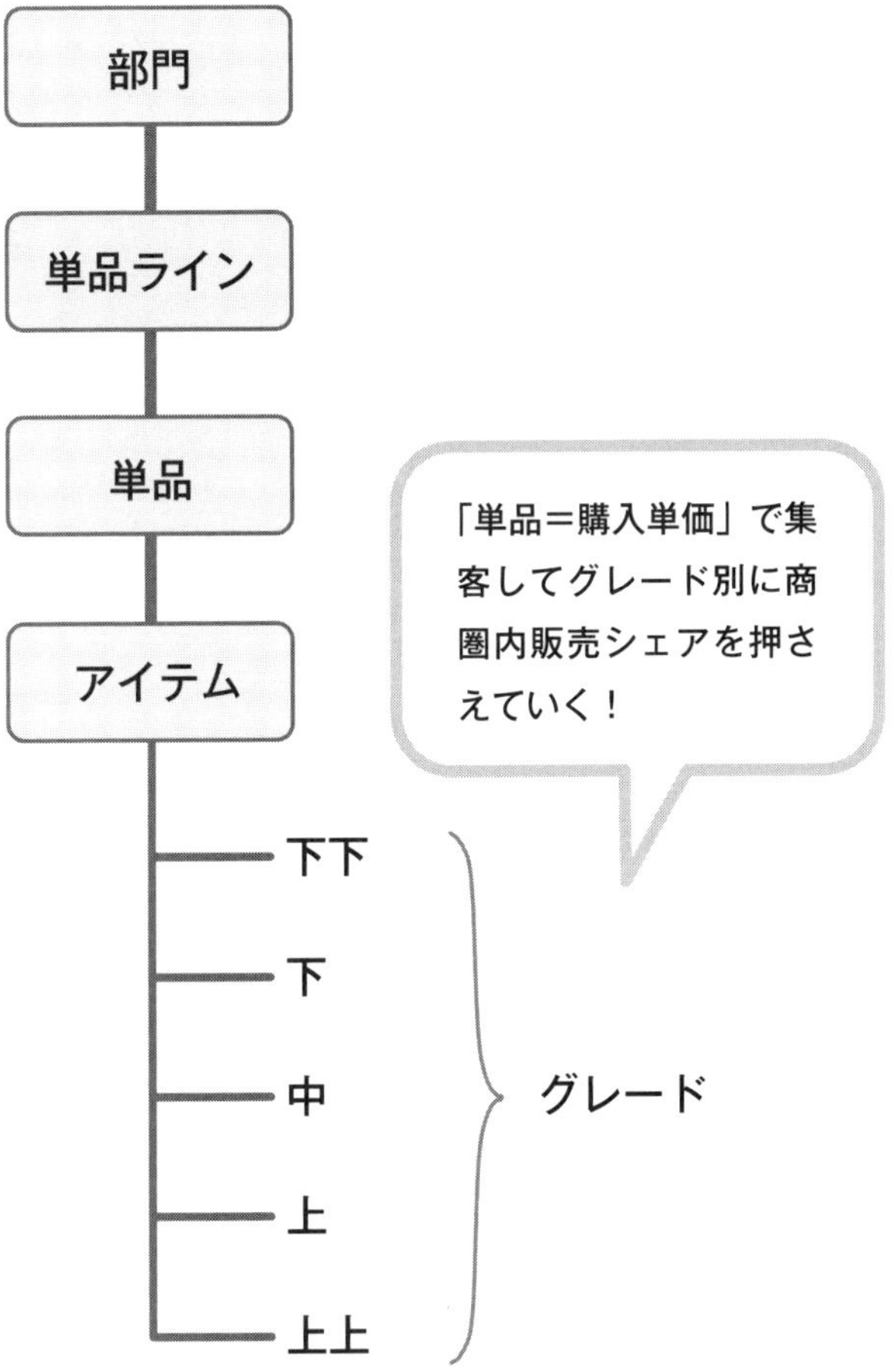
部門
単品ライン
単品
アイテム
下下
下
中
上
上上
グレード
「単品＝購入単価」で集客してグレード別に商圏内販売シェアを押さえていく！

お客様が買い物をする場合、このうち、「単品」をイメージして来店する。つまり、**「単品＝お客様の購入単位」**である。

われわれは、この単品でお客様を集めているのである。

そのために、中小店やローカルチェーンは単品単位で、どうやってお客様を集め、少しでも儲かるように売っていくかを考える必要があると言える。

ここまでの章で、まずは売れ個数上位30アイテムの集客商品で商圏内のお客様を根こそぎ集めろと述べてきたが、間違ってはならないのが、**上位30アイテムなら何でもチラシに載せていいというわけではない**ということだ。

上位30アイテムの中には、たとえば、写真プリントもあれば、カメラ用ケースもあれば、SDカードもあるかもしれない。しかし、上位30アイテムのうち、8つを占めている写真プリントと、1つしか30アイテムに入っていないカメラ用ケースを一緒にしてはいけない、ということである。

上位30アイテムの中でも販売シェアの高い単品単位でマーケットを広げていくことが大事なのだ。

◉単品の商圏内販売シェアを把握しろ！

まずは自店の商品のうち、最も高い販売シェアの「一番単品」を把握することだ。

同商圏内の競合店は、この「一番単品」を月間や週間でどのくらいの量を売っているのだろうか？


自店は勝っているのか？　負けているのか？

勝っているとすれば、どのくらい勝っているのか？

負けているとすれば、あとどのくらい売れば互角になるのか？

こうした問題意識が「商圏内販売シェア」の把握につながる。

その結果、高い販売シェアなら自信となり、3倍、5倍、10倍……さらなる大きなマーケットにチャレンジし、低い販売シェアなら高い販売シェアにしたいと希望が湧くだろう。

商売や経営に自信を持ったり、希望を持ったりすることは大切なことだ。

特に不況期の今こそ、自信に裏付けられた一番単品戦略は新しい価値を生み出すポイントとなってくる。

「集客商品」や「主力商品」の売上アップのために、**「一番単品の商圏内販売シェアを把握して、地域シェア一番の単品に育てる」**ことを実践し続けていこう。

単品の商圏内販売シェアの原則

シェア数値	シェア名	意味
74%	完全独占シェア	圧倒的に地域を支配できる
55%	圧倒的独占シェア	誰もが認める一番店。 誰もが知っている店
42%	独占シェア	みんなが知っている店
31%	圧倒的一番シェア	お客様が認めた一番店
26%	一番店シェア	年間を通して一番店
19%	一・五番店シェア	同じレベルの店がある
15%	二番店シェア	年間を通して二番店
11%	三番店シェア	他店やお客様に影響を 与えることができる
7%	存在シェア	その店の存在が知れわたっている
3%	非存在シェア	商圏内で店名すら伝わっていない

あくまでもシェアの原則は指標であって、どの位置に達しても安住はない。常に上をめざす

一番単品の商圏内販売シェアについては、ランチェスターの法則に詳しい。

ランチェスターの法則によると、商圏とは商勢圏のことで、「自店の商売の勢いの及ぶ範囲」のことを示し、チラシを撒いている店は「チラシ枚数×3人＝商圏人口」と考えることができる。チラシを3万枚撒いている店は9万人の商圏人口ということになる。

こうして、自店の一番単品の年間消費量または年間出荷台数を、商業統計などを参考にして割り出してみよう。

たとえば、サトーカメラ1店舗の商圏人口は10万人なので、「10万人÷日本国総人口1億2600万人＝約0・08％＝マーケット高」である。

主力一番単品のコンパクトデジカメは全国で年間約880万台販売されており、「880万台×0・08％＝年間約7000台」のコンパクトデジカメが10万人商圏の中で消費されるという計算になる。

サトーカメラの場合、コンパクトデジカメの1店舗における年間販売台数は2000台なので、「2000台÷7000台＝28％」という10万人商圏内での販売シェアが算出される。

この計算により、集客商品群の単品も、主力商品群の単品も商圏内シェアを出すことができる。

主力一番単品のグレード別販売シェア例

10 万人商圏におけるコンパクトデジカメのマーケット

（年間販売数：7000 台）

グレード	販売シェア	売れ個数	マーケット
上上	5%	350 台	高級ブランド
上	17%	1190 台	価値が見えないと売れないマーケット
中	34%	2380 台	
下	32%	2240 台	大手チェーンが狙うマーケット
下下	12%	840 台	ディスカウンターが狙うマーケット

中小店は価値を打ち出せれば売れる「上」「中」のグレードを狙うべき。
価値を打ち出すために、売り場での接客が重要となってくる。
セルフで売れるようにローコストオペレーションで売っているのが大手。

その商圏内での自店のポジションを客観的に知ることで、チラシの攻め方も変わってくるはずだ。

いくらわれわれが競合他社とは同じ土俵には乗らないと言っても、商圏内には常に競合店がいて、お客様は少なからず比較をして行動を起こす。

競争は避けて通れないことだが、決して価格競争だけではないのである。

02 一番単品で商圏内シェアをぶっちぎれ！

店の発展とは、「集客一番単品」「主力一番単品」のシェアアップである。

サトーカメラの「集客一番単品」は、デジタル写真サービスサイズプリントだ。

- **1店舗10万人商圏内週間販売マーケット高5万枚**
- **週間2万枚（1店舗）＝週間販売シェア40％**

であり、圧倒的一番店である。

今後は、

- **週間目標3万枚＝週間販売シェア60％**

という商圏内独占シェアをめざしていくつもりだ。

超衰退産業の写真プリントでは、マーケットが衰退する一方だから難しいことだろうか？　すでに40％のマーケットシェアを押さえているから、もうこれ以上は伸びないだろうか？　それとも、隣町へ進出したほうが得策なのだろうか？

しかし、**その数値の見方や捉え方を変えれば、われわれのやるべきことは自ずと見えてくる**ものだ。

◉販売シェアを捉えれば、新たなマーケットが見えてくる

たとえば、現在、デジカメは100人中60人という普及率に達している。ということは、サトーカメラの10万人商圏では、6万人がデジカメを持っていると推定される。

写真業界のデータによると、そのデジカメを持っている人の中で写真プリントする人は、約50％の3万人。その3万人のうち、写真プリントする人の内訳は、

- **写真店でデジタル写真にサービスサイズプリントする人＝1万5000人**
- **自宅のホームプリンターで印刷プリントする人＝1万5000人**

となっている。

一般的なデジタル写真サービスサイズプリントの販売シェアは、結局はターゲットとするお客様の奪い合いとなってしまっている。

消耗品であり、実用品でもある写真プリントにおいて40％の販売シェアというのは、実は脅威的な数字である。しかし、当のわれわれからすれば、写真店で写真プリントをする人は、たった1万5０００人中の販売シェア40％＝6０００人にすぎないと感じている。

もちろん、商圏内No.1の圧倒的販売シェアであることには変わりなく、名誉なことであるのだが、10万人商圏に対して6０００人、つまり、たった6％でしかないということも言えるのだ。

残りの94％の地域住民にも、まだまだ販売の機会があるということである。

03 単品はグレード別にシェアを捉えろ！

販売シェアを高めていくためには、常にどのターゲットに向けたチラシを、どのタイミングで、どこへどうやって打つのかを考えてほしい。

まずは、社員みんなが商品一つひとつに共通の認識を持つことだ。

そのためのヒントのひとつとして、単品を「グレード」で捉える方法がある。

「集客一番単品」「主力一番単品」という店の命運がかかった「一番単品」について、縦軸に「グレード」として価格帯を「上上」「上」「中」「下」「下下」、横軸に「売り方」として「高粗利率」「中粗利率」「低粗利率」と分類する。

単品をグレード別に見ていくことによって、「何を」「いくらで」「どのように」売っていくかというポイントを、経営者をはじめ店長や商品部が同じ認識を持って売ることができるようになる。

単品グレード図で商品一つひとつを捉えていけ！

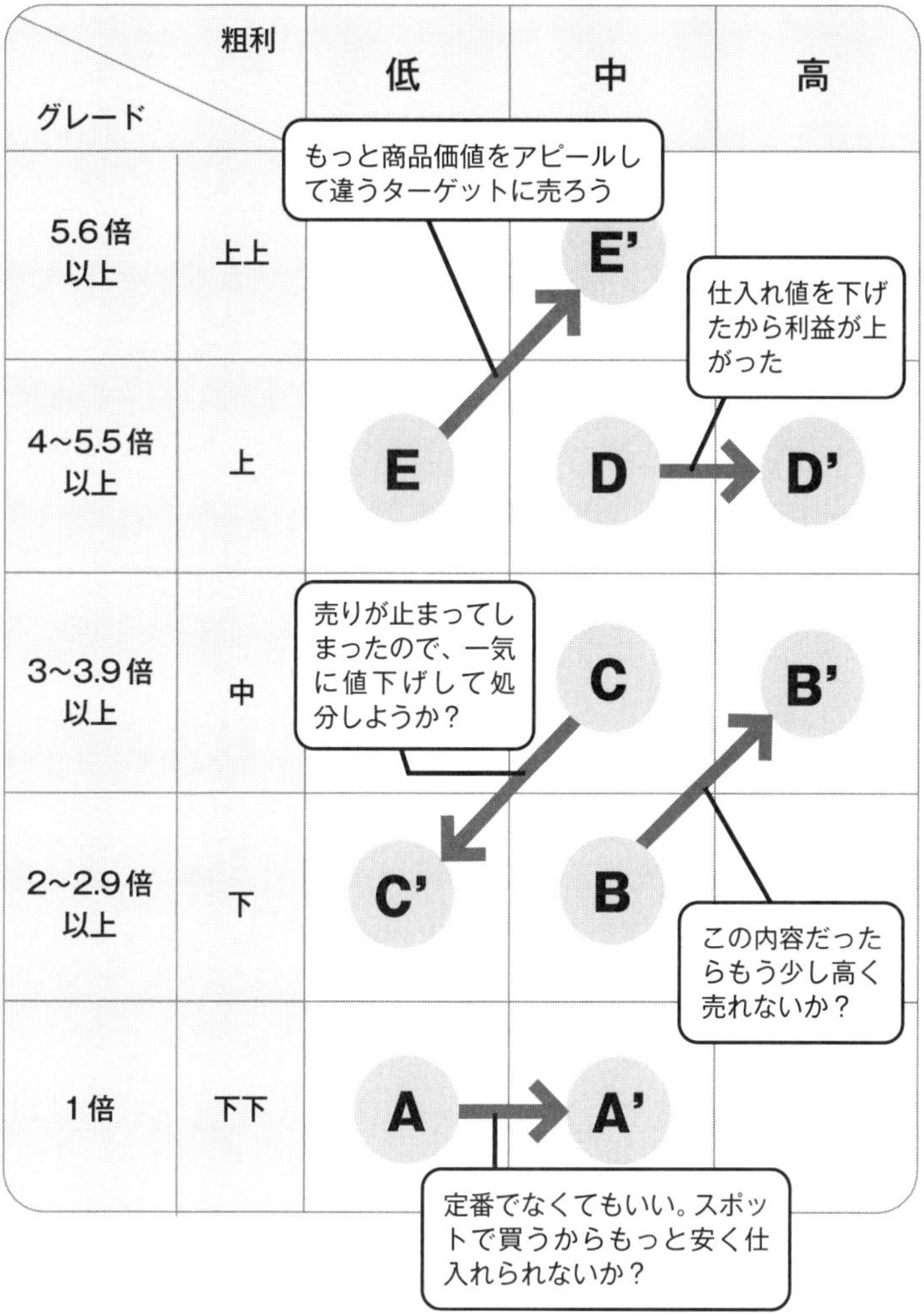

単品グレードは、前章で説明したライフサイクルの「成長期」に入ると確定する。

①導入期……普及率が25％までは、アイテムだけが存在しているだけで単品のまとまりは発生していないためグレードがない。

②成長期……普及率が25～50％近くまで伸びると、初めてその単品を購入する人が増えてくる。中グレードを買う人が50％ぐらい占める。下グレードを買う人は35％、上グレードが15％というのが一般的。

③成熟期……普及率が１００％近くになると、単品は一気に下グレードが65％と3分の2を占めるようになる。中グレードも25％としっかり存在を示し、上グレードは10％と買われ方が変化してくる。

④安定期……普及率が１００％を超え、需要も少しずつ減ってくると、売る側も賢くなってくるため、商品群も多様化し、価格帯も広がりを見せる。成熟期に65％を占めた下グレードは少し減って、下下と下グレードを合わせて44％。代わりに中グレードが増えて34％、上上・上グレードが22％という買われ方になっていく。この広がり方を見れば、売る側も買う側もさらに賢くなってきているということがわかる。

ライフサイクル別の単品区分

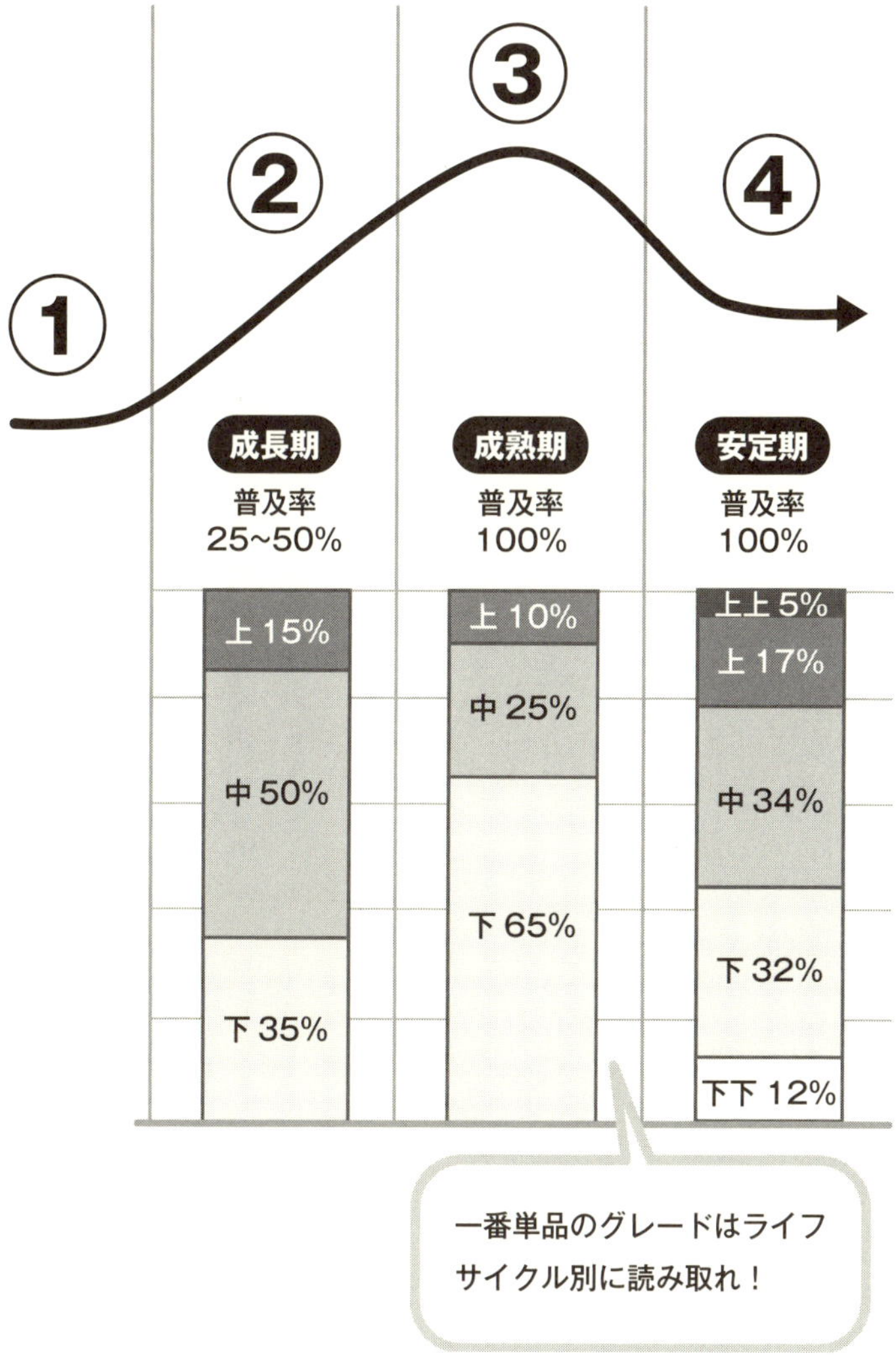

このように一番単品のライフサイクルをしっかりと捉え、グレード別のマーケット高構成比率を読み取ることで、アイテムのグレード別商品構成が理解できる。

まずは自店の強いグレードから市場に入り込み、一番単品でシェアを広げていこう。

◉グレードを広げて商圏内のターゲットを広げよう

同時進行で、新商品・新価格帯商品の開発も必要である。

自店の集客一番商品から、さらにそのワンランク上のグレードの商品を開発し、新しい付加価値で利益率を上げていこう。

それと同時に、集客一番商品の付加価値を省くことによって、ワンランク下のグレードの価格帯まで広げた商品も開発していく。

集客一番商品の上下の価格帯で市場をさらに切り込み、拡大させるということだ。あなたの商品の新規客を増やしながら、販売量も粗利額もダブルで伸ばすことが大事なのである。

集客一番商品を中心に新商品を開発し、価格帯幅を上下に広げることで、新たな市場においても新しい客層の開拓をし続けることにもなる。

一方、大手チェーンの場合は、下のグレードを中心に「〇〇円均一」と同ランク商品を横に広げる商品開発が常套手段である。

価格帯とは、**「客層＝お金の出し方」**である。

商品に対して高額を払った人だからお金持ちなのか？　安モノを買う人たちは貧乏人なのか？　決して一概にそうとは言えないだろう。

お客様は、その商品に対して価値を感じたからお金を出した。

その商品に対して興味はなかったが、価値を少し感じたから安モノを買った。

その商品に対して大いに価値を感じたから高くても買った。

その商品に対して全く価値を感じなかったから買わなかった。

「お金の出し方＝その商品に対する価値の感じ方」である。**あなたが価値を創造するから、新規客が増える**のだ。

04 単品を揃えて市場をこじ開けろ！

あるチラシ販促担当者から「売上を上げたい」という相談を受けた。

この店は、一番単品が５００mlのペットボトルのお茶だった。集客一番商品は下グレードの1本68円のお茶Aで、週間２０００本も売っていた。

このケースでは、商品としては安定期のペットボトルのお茶を、チラシ販促でどのように応急処置するか？　が課題であった。

まずは「ペットボトル飲料のコーナーにお茶は何アイテムあるか」を調べてもらったところ、店頭には20アイテムあることがわかった。

ところが、今までのチラシには、集客一番商品である下グレードのお茶A、１アイテムしかチラシには掲載されていなかった。

そこで、絶対に失敗しない方法として、**集客一番単品のペットボトルのお茶20アイテム**

の中からベスト10アイテムをすべて、これまでのチラシフェイスに追加掲載することにした。とりあえずは商品名と価格だけでもかまわない。特別安くする必要もない。とにかく、掲載するだけでいいのである。

このチラシ販促担当者は、商品部に対してあまり口出しができない立場だった。その立場も考慮した上で、とりあえずできることから始めようと、万一失敗しても影響を与えない試みから始めたのだった。

具体的には、チラシの集客一番商品（通常は左上）の枠内に、ベスト10のアイテムを文字だけで小さく掲載した。

その結果、一番単品の週間売上は、昨年対比約３００％アップという異常値を叩き出すことができた。

安定期に入った単品は、何種類のアイテムを使い分けるか？ということだ。成長期の頃は1種類のアイテムですべてをまかなっていたが、安定期に入った現在、ペットボトルのお茶は用途別や価格帯別、品種別などに使い分けをされている。

集客一番商品に絡めて、中粗利や高粗利のアイテム、中グレードや上グレードなど他のグレードのアイテムも掲載することで、瞬間的だが異常値を叩き出したというわけだ。

異常値を叩き出し、一番単品で商圏内販売シェアをアップさせ続けることで、「ペットボトルのお茶を買うなら○○店ね」というように、「単品＝店」の認識度を高めることができるのだ。

◉あなたの店にも「一番単品」は必ずある

集客一番単品、主力一番単品を核とした単品が強いと、その周りのグレードの単品も強くなっていく。そうすれば、自然とお客様の目にもあなたの店が入ってくるはずだ。

これらの一番単品は**チラシで構築していこう**。

自店の集客一番単品、主力一番単品をより明確にすることで、「単品―グレードアイテム」と階層化されたチラシを作ることができる。

あなたの店にも、商圏内で「一番」と言えるアイテムが存在する。商圏内の他店の単品品揃えと徹底比較すれば、上・中・下とあるグレードの中に、強い一番が必ずあるはずだ。

この「一番アイテム」のグレードを核にして、他のグレードに広げていくこと。「地域シェア一番単品」とは、一番アイテムから一番グレードへ、そして一番単品へと成り立っている。

だから、チラシを使って、まずは**一番アイテムから市場をこじ開ける**のだ。

複数のグレードのアイテムを載せて異常値を叩き出せ！

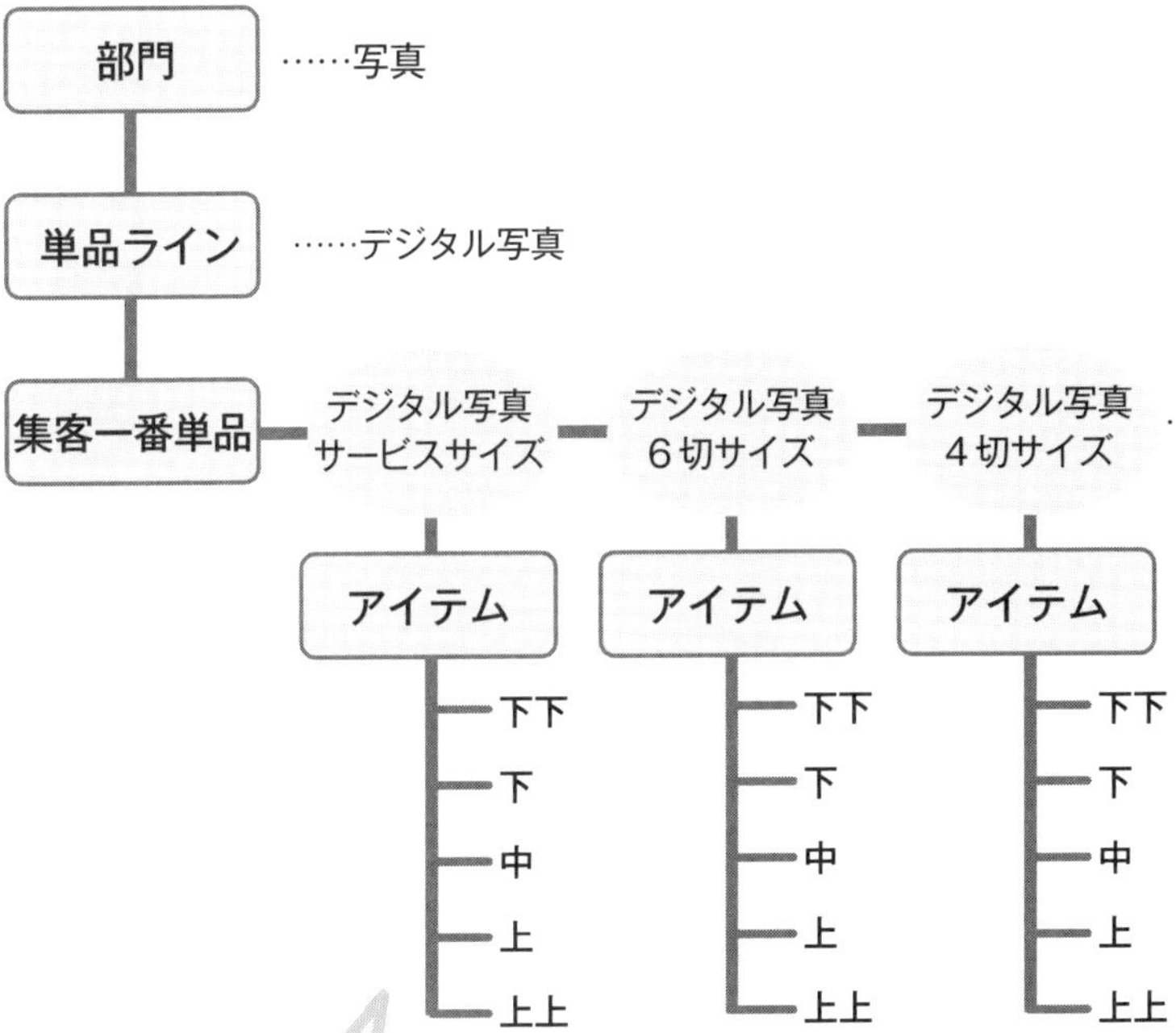

単品ごとに複数のグレードを載せている

05 「入門客＝下グレード購入客」に学べ！

昨今、付加価値の高さばかりが叫ばれ、ＶＩＰ待遇やらおもてなしなどがもてはやされている。もちろんそれらも重要だが、リピートだけを狙って、ターゲット商品をターゲットに向けて売ってばかりいるから、どんどん価値を高めて敷居を上げてしまったのではないか？　結果、新規のお客様から遠ざかってしまったのが、今までの「高付加価値型専門店経営」だと言えるだろう。

売っている側は、長年売り続けていると、どうしても初心を忘れるものだ。常にお客様に近いところにいなければ、時代の変化に気づくことはできない。同じ商品、同じ商圏でも、新しい価値を創造することで新たな「入門客」に学んでいこうじゃないか。

サトーカメラの主力一番単品であるコンパクトデジカメの平均単価は、3年前まで3万円ぐらいだった。

チラシでは1万円代の「下下グレード」のコンパクトデジカメを中心に、「下グレード」の約2万円前後、一番のボリュームゾーンである「中グレード」の約3万円前後のデジカメが掲載されていた。

しかし、3年も経つと普及率が上がり、商品のライフサイクルに伴い、「下下グレード」のコンパクトデジカメが5000円代にシフトした。

当然、コンパクトデジカメに対する世間相場の意識も変わってくる。「下グレード」が1万円前後、「中グレード」が1万5000円前後と変化し、3年前のメイン価格帯だった3万円代のポジションは、現在では最上級の「上上グレード」にシフトしてしまった。

ここで問題なのは、われわれ売る側の意識は変わらなくても、**お客様は時流とともに変化している**ということである。

ボリュームゾーンの「下グレード」と「中グレード」のコンパクトデジカメは、3年前の半額以下の価格帯になってしまった。

それなのに、**いまだに3年前と同じ売り方をしている店がいかに多いことか**。

3年前のお客様のコンパクトデジカメの買い方は、3万円もするから大切に使い、だいたい3年に一度の買い替えサイクルだった。つまり、年間消費量で考えると、1年間1万円ということになる。

しかし、今は1万円代が最大ボリュームゾーン。つまり、一人の年間消費量が3分の1の3000円に下がった。価格が手頃になった分、一家に1台が一人1台の時代となったということだ。

それなのに、現在でも相変わらず、デジカメは3年に一度の買い替えだと思っている売り手が少なくないのである。

お客様の変化とともに、われわれも常に意識を切り替えていかなければならない。

平均単価が1万円代になったのなら、毎年買い替えてもらえばいい。さらに一家に1台だったデジカメが一人1台、いや一人2台、3台と、用途別に買い分ける価格帯になったということだ。

そのためには、常に**「一番単品」の「下下グレード」の価格帯を把握することが、変化に対応する基本**だと言える。

◉儲けるためには思い込みを捨てることから始めろ！

サトーカメラでは、「集客一番単品」であるデジタル写真サービスサイズのさらなるシェア拡大のために、商圏内の「デジカメを持っていない、写真プリントもしない」という40％のお客様に向けて、新たな市場創造にチャレンジした。

まず、どういうお客様が存在するのか、われわれなりに仮説を立てた（次項参照）。その中で、若年層の中高生が多いのではないかという仮説に基づき、商品を開発することにした。この客層は、デジカメはなくても携帯電話は持っている。そこで、携帯電話からのデジタル写真サービスサイズで今までなかった「下下グレード」である「Sサイズ1枚10円」という商品を投入しようということになった。

学生はお金もないだろうし、とにかく写真プリントする楽しさを広める啓蒙活動と考えての投入だった。

その結果、もちろん仮説通り中高生で店は賑わった。ところが、それ以上に多かったのが、当初予想すらしていなかった中高年の女性だった。

彼女たちは1回の注文で1000～2000枚プリントしてくれた。10円プリントに1回1万円も2万円も使うわけだ。

お客様の一人に聞いたところ、この3年間、写真を撮るのにデジカメはよくわからないから、携帯電話で撮り溜めていたということだった。その携帯電話には、孫の写真から海外旅行の写真まで写っているではないか。

このお客様たちの来店理由は、「携帯電話の写真プリントができることを初めて知った。しかも安い」という答えだった。

お金がないから「下下グレード」を選ぶわけではなかったのだ。価値を感じ、興味を持ってくれたのが、「下下グレード」の10円プリントだっただけなのである。

店では、さらに「中グレード」の写真プリントについて説明すると、これらのお客様は喜んで「中グレード」の写真プリントを選んでくれた。また、これをきっかけにデジカメを初購入したお客様も少なくなかった。

このように、入門客から学ぶべきことは非常に大きい。

グレードの低いアイテムを買うお客様だからといって、お金がない客層だと思い込んでいないか？

単価が低いからといって、低グレードのアイテムを軽視していないか？

その思い込みによって、あなたの店は商機を逃しているのだ。

集客一番商品から一気にグレード広げていけ！

グレード ＼ 粗利			低	中	高
5.6倍以上	60円以上	上上			キャビネサイズ
4~5.5倍以上	50円代	上		フルサイズ	
3~3.9倍以上	30円代	中		LW DSCサイズ	
2~2.9倍以上	20円代	下	カメラを買ったらもらえる半額カードの普通サイズ		
1倍	10円代	下下	Sサイズ		

集客一番商品を中心にして、価格帯を一気に広げる！

06

初心を忘れずに一番単品で新規客を集め続けろ！

本章2項で、サトーカメラは10万人商圏であり、いくら商圏内で一番店といっても、その94％の地域住民はまだ利用していないと述べた。

その94％の内訳を分析してみると、以下の4タイプに分かれていることがわかった。

①デジタル写真サービスサイズプリントはするが、サトーカメラには来ない＝9000人（9％）
②ホームプリンターで写真にする＝1万5000人（15％）
③写真にはしないというデータ保存派＝3万人（30％）
④デジカメを持っていない、写真プリントもしない＝4万人（40％）

デジカメは持っているが、デジタル写真にしたことがない「③」のデータ保存派は、ライフサイクルで考えれば、デジタル写真プリントの「導入期」に当たる。「④」のデジカメを持っていないお客様にいたっては、デジタル写真に仕上げることはもちろん、デジカメそのものに対しても「導入期」ということだ。

つまり、商圏内では、集客一番単品のデジタル写真プリントの入門客候補が70％＝7万人、主力一番単品のコンパクトデジカメの入門客候補が40％＝4万人ものお客様が存在している事実が浮かび上がってくる。

ホームプリンター派も15％＝1万5000人いるが、そのお客様だってデジタル写真に対しては「導入期」だと考えると、よりマーケットは広がっていく。

◉独りよがりのマンネリにはなってはいけない

だから、付加価値を高め、マーケットを小さくしたり、地域の圧倒的多数を占める「導入期」の入門客候補から離れていってはいけない。

常に新しい価値の創造をしていかなければ、あなたの店に発展はない。

前述した4タイプのお客様は、**いずれもわれわれの商圏内のお客様ではあるが、それぞれへのアプローチはみんな違う**はずだ。想い出を写真に残してもらいたいということには変わりはないが、同じ商圏で同じ結果をめざしても、お客様は複数のタイプに分かれ、年代別に客層があり、グレードもまた異なるわけである。

どのターゲットに向けたチラシを、どのタイミングで、どんな価値を、どうやって打ち出していくのかを考えなければ、売上につなげることはできない。まずは、新しいターゲットに向けて新しい価値を、チラシを通して表現することから始まるのである。

ターゲットごとにアプローチしていくための実践法として、お客様になりきり、仮説を立てていくことをおすすめする。

サトーカメラの店長会議では、180～181ページのような表を使って、仮説を立てている。

①デジタル写真サービスサイズプリントはするが、サトーカメラには来ない＝9000人（9％）

・店が遠い　・価格が高い　・どこでも同じでしょう？　・近場に便利な店がある

②ホームプリンターで写真にする＝1万5000人（15％）

・自分でできるからおもしろい　・簡単　・安い　・他人に見られたくない

③写真にはしないというデータ保存派＝3万人（30％）

・写真プリントするのが面倒　・写真プリントするのはもったいない

④デジカメを持っていない、写真プリントもしない＝4万人（40％）
・写真なんか自分で撮らなくても誰かが撮ってくれている　・別に考えたこともない　・もったいない

デジタル写真プリントは高い、もったいない、必要ないというお客様を**「まだ見ぬ未知数の入門客＝下下グレード客」**と捉えよう。

導入期の入門客＝下下グレード客は、店にとって新しい息吹を吹き込む存在でもある。新規客を取り込み、自店をリフレッシュしていかなければ、その品揃えも古くなっていくことだろう。新たなマーケットは、入門客、低グレード客に学び、支持を得る努力をすることを徹底してほしい。

自分たちが当然と思っているようなことも、説明の仕方や価値の打ち出し方が足りず、入門客に理解してもらえなかったために売れなかったということもある。「売る側の常識がお客様にとっての非常識」ということはよく起こる問題だ。

われわれは、地域のお客様一人ひとりを受容していくことによって、自店が独りよがりにならないようにしていかなければならない。それこそがお客様に学ぶということであり、新しい価値の創造や地域シェアアップのポイントであり、売れるチラシの極意なのだ。

・デジカメ持っている ・ホームプリンター		
なぜホームプリンターでプリントしているのか?		
仮説 ●自分でできるからおもしろい ● ● ●		
	男	女
10代		
20代		
30代		
40代		
50代		
60代		
70代		
80代		

・デジカメ持っている ・データ保存		
なぜプリントしないでデータ保存しているのか?		
仮説 ●写真プリントするのが面倒 ● ● ●		
	男	女
10代		
20代		
30代		
40代		
50代		
60代		
70代		
80代		

・デジカメ持っていない ・写真プリントしない		
なぜプリントしないのか? 携帯で写真は撮っている		
仮説 ●誰かが撮ってくれている ● ● ●		
	男	女
10代		
20代		
30代		
40代		
50代		
60代		
70代		
80代		

仮説を立てて商品の新たな価値を身につけていく

○月○日
店長会議

・デジカメ持っている ・サトカメでプリント	・デジカメ持っている ・サトカメ以外でプリント
なぜサトカメでプリントするのか？	なぜサトカメでプリントしないのか？
仮説 ●キレイ（仕上がり） ● ● ●	仮説 ●店が遠い ● ● ●

	男	女
10代	仮説 ↓	仮説 ↓
20代		
30代		
40代		
50代		
60代		
70代		
80代		

	男	女
10代		
20代		
30代		
40代		
50代		
60代		
70代		
80代		

一つひとつ仮説を立てていく

佐藤勝人のチラシで喝！

安売りと安物は違う

7章

チラシをトコトン活用して現場を変える！

01

チラシ活用法で現場と商品を一体化させる！

サトーカメラでは、チラシ1枚を作るのにも、店長が集客一番商品や主力一番商品の商品価値について調べて、一緒に伝えようとしている。商品部や店長が協力し合って、1枚のチラシを作り込んでいくというわけだ。

チラシ掲載商品の写真撮影からコメントから販売価格からキャッチコピーまで各自が考えることで、責任が生まれ、**「現場と一番商品とチラシの一体化」**を実践していくことができる。

販促担当者だけで作ったチラシになると、現場からはどうしても「今日、チラシが入ったのですか?」「いつ、チラシが入るのですか?」など、セールに対する参加意識が感じられない無責任な声があがっていた。

これが、現場から本部まで、セールにおける二大戦略的商品から意図することを考えさせることで、たった1枚のチラシでセールの全体像からセールの細部に至るまで、「見える化」することができた。

◉チラシであらゆる改善をしていこう！

商品と現場とお客様を知っている者たちでチラシを作ることで、次のような改善が行なわれるようになる。

①商品に強くなり、経営が商品に密着し、さらに現場に密着したものになっていく

サトーカメラでは各部門一品一品のチラシ掲載商品は商品部が選別するが、販売の責任者である各店店長及び副店長が一品一品、責任を持って商品とお客様をつなげるキャッチコピーやコメントを考え書き出している。

②お客様のことが見えてきて、お客様から離れずにどんどんお客様志向になる

まず、全品とは言わなくても、チラシ掲載商品の集客商品や主力商品の販売個数、販売価格を、現場の長であり販売の責任者であり、お客様をよく知っている店長がチラシ作り

に携わることで、本部商品部に意見が通りやすくなり、自然と活性化されていく。

③チラシ作りが社内活性化の引き金となる

チラシ作りは、常に革新を起こし、それを継続させる力を持っている。そのチラシがマンネリ化したら、店の衰退の序曲だと認識するべきだ。

チラシのマンネリ化が集客を落としているわけだから、集客商品に対する価値や、その商品に対する客層の見直しを行ない、チラシを改善していかなければならない。

チラシを通して客層の拡大を図ること、つまり、新しい客層を取り込むことが市場創造へとつながるのだ。

④チラシを台帳にした「検証・仮説・実践・改善」が現場に浸透する

さらに、チラシ作りには、現場が活性化し、マーチャンダイジングとマーケティングを一体化させる力がある。

サトーカメラの場合、チラシ1枚を使って1カ月間のセール期間中、全アソシエイトに対する勉強会を毎週開催している。

「なぜこの価格なのか？」

「なぜこのようなことをやるのか？」

「なぜこのサービスができたのか？」

「なぜこの商品なのか？」

「なぜその企画なのか？」

といったことについて、経営者である佐藤勝人自ら一つひとつチラシに倣って紐解きながら解説していくのだ。


現場では毎週、ＰＯＳデータだけに頼らず、チラシを台帳にして各自の実売データを自己管理している。

だから現場では、毎日いつでもどこでも各自が検証できるため、改善策がどんどん生まれ、現場レベルでどんどん改革が実践されていくのである。

本章では、チラシの現場（売り場）での有効活用法を詳しく述べた。ぜひ、あなたの店の参考にしてほしい。

02 チラシは現場で徹底的に活用していこう！

チラシとは、何も新聞折込チラシのことだけではない。

チラシ配布の仕方が一通りしかないという考え方は、もう古い。

サトーカメラでは、一度チラシを作ったら、セール期間である1カ月間は利用している。たった1枚のチラシを徹底的に使い込んでいるのだ。

また、各店長がチラシ制作に参加することで、チラシ1枚に対する愛着心も高まる。すると以前のように、惰性で毎週チラシを打つようなことはなくなる。

新聞折込の投入日は、あくまでもセールのキックオフ。

一般的には、「新聞の折込チラシは90％以上の人が見ていない」ということだ。売る側の立場からすると、「90％のお客様はこの情報を知らない。つまり、商品が売れない」ということである。だから、サトーカメラでは手配り配布用として1カ月分、店頭にチラシを用意している。

さらに売り場では、ご来店いただいたお客様に「セールチラシが入りました。よろしくお願いします」と言ってチラシを手渡す。たったそれだけのことだが、それを1カ月間繰り返せばチラシ効果は倍増する。

チラシを見ずに来店したお客様からは、「新しい情報を教えてもらえた」と喜んでいただけるのだ。

◉工夫次第で当たりチラシは作れる！

サトーカメラでは、チラシの折込は1カ月に1回だと述べたが、もちろん、業種・業態によって変えてもらってかまわない。

たとえば、指導先の食品スーパーの場合は、1週間に1回だ。通常は、週に2回というスーパーが多いと思うが、それを週に1回にしてもらった。

スーパーでも同様に、チラシを入れた日から店頭でもチラシを配る。1週間は同じチラシを使うので、より多くのお客様にチラシの内容を知ってもらう必要があるわけだ。

掲載する内容も、1週間ずっと有効の商品もあれば、商品ごとに前半と後半に分けてもいいだろう。

要は、**商品1アイテムに対して、期間限定なのか、4日間限定なのか、もしくは数量限定なのか、1週間レギュラーなのかを分けてチラシを作ればいい**ということだ。

また、サトーカメラ同様、「チラシを見ていなかった」というお客様も多いので、お帰りのレジ清算のときではなく、来店時にチラシを手渡した。

そうすると、チラシを見逃したお客様にも「今週末までセールをやっている」という情報をタイムリーに知ってもらうことができる。


さらに、**失敗してしまった場合の修正も可能**だ。

たとえば、「A商品398円と掲載しましたが、○○スーパーさんのほうが安かったので価格を合わせて279円にします」という内容を別紙にコピーして、店頭でそのチラシと一緒に配るわけだ。

すると、「あの店はよくやってるね」というお客様の評価を得ることができた。

確かに、価格などで競合店に負けることはあるだろう。しかし、すぐに修正して店頭で配ることで、はずれチラシを当たりチラシに変えることができるのだ。

◉たった1枚のチラシから、これだけ活用できる！

「紙媒体」であるチラシは、新聞と同じように、**お客様にとって「信用度の高い情報源」**のひとつである。

地域に広く情報を届けることができ、それも一気に広がる。つまり、すぐに売上につながるのが一般的には**「新聞折込チラシ」**（図A）だ。

同じく、広範囲の地域に情報は広がるがすぐに売上に結びつかないスローな媒体が、一般的には「新聞広告」「テレビCM」「ラジオCM」「ホームページ」など（図B）である。これらは、すぐに売上には結びつかないが、「信用価値」を植えつけさせることができる。漢方薬のようにジワジワ効いてくるというものなのだ。

商品そのものを深くまで追求でき、売上にスグに結びつき、スピードあるのが、**「手配りチラシ」**（図C）だ。

なぜ手配りチラシなのかというと、チラシを手渡すとき、お客様はすでに目の前にいる。つまり、お客様の視覚情報を手渡すわれわれが認識できるからである。ターゲットは子供なのか大人なのか、男なのか女なのか、ターゲットをはっきりと選別できる。

お客様にとってチラシは信用度の高い情報

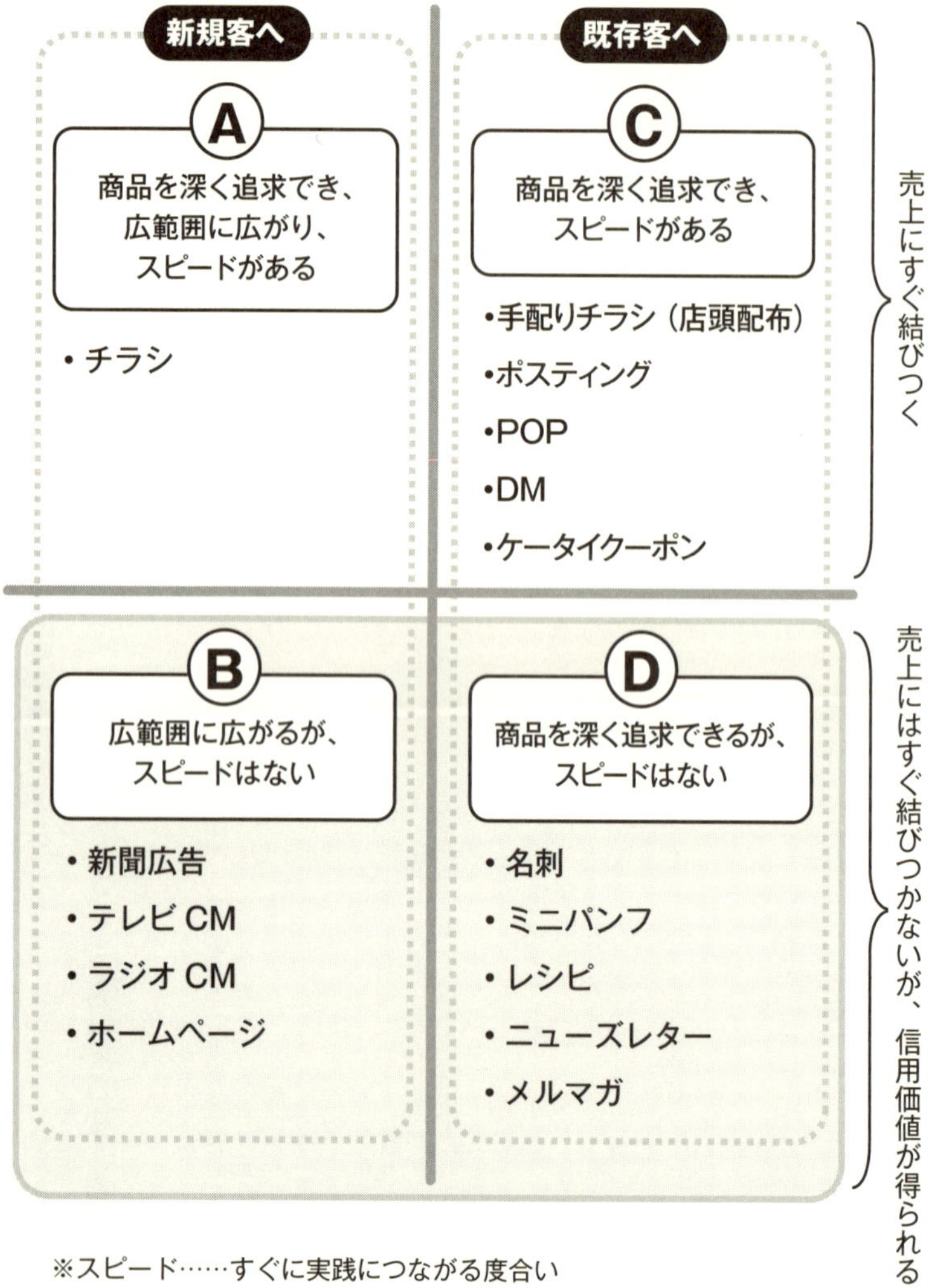

※スピード……すぐに実践につながる度合い

すると、チラシのヒット率が高くなるというわけである。
また、店内に入ってから手渡す場合、一言添えながら渡すことができるのもポイントだ。「今日、奥のコーナーでこんなことやっていますので、見ていってください」と言えば、お客様は「あら、そうなの？」と即反応してくれる。

さらに、手配りチラシは口コミを広める効果もある。お客様もチラシ1枚を持っているから、「こういう商品が売れているみたいだよ」と周りの人に説明しやすいのである。説明しやすいから口コミも広めやすくなる。手配りチラシがないと、その商品を説明することそのものがお客様にとっては面倒なのだ。

一般的には、ネットだけではなく店頭から広がるチラシなど手軽で目に見えるものがあったほうが、口コミが広がりやすいのである。その点においても手配りチラシは重要な存在になる。

特にチラシのセール情報などは、私の経験則から言うと、来店している8割以上のお客様は知らない。店頭だから、その効果は絶大なのである。たとえ人海戦術になったとしても、ひと声添えて手渡すことが大事なのである。

さらに**「チラシポスティング」**（図C）も効果的だ。配布エリアが団地なのか、住宅地なのか、商業地なのかで客層も変わってくる。

配布するときには、エリア別にチラシの右上などに赤青黒とマジックで印をつけ、○○さんが配ったX地域は赤、××さんが配ったY地域は青、△△さんが配ったZ地域は黒、というように色を変えて配布エリアへの目印にしておく。

そのチラシを持参していただくだけで割引になる内容にしておけば、お客様がチラシを持参するだけで、どのエリアのお客様が反応したかがわかりやすくなり、効果の測定がしやすくなる。それらが次回のチラシポスティングに活かされるというわけだ。

さらに、「DM」や「POP」も含めて、既存客はわれわれがハッキリとお客様を認識しているため、お客様に合わせたタイムリーな内容を提供できる。

ポスティングや手配りチラシ、DMは相手が認識できるのだから、効果ある客層に向けて情報を伝えるべきである。

それらのチラシ情報は、既存客にとってもそれ以外のお客様にとっても、最もタイムリーな情報なのだ。

しかし、タイムリーな情報を知らない地域のお客様が実に多い。その情報を少しでも多くの地域のお客様に知ってもらうことが重要である。

最後に、お客様と深いつながりを作れるのが、一般的に**「名刺」「ミニパンフ」「小冊子」「ニューズレター」など**（図D）だ。

これらは即、売上に結びつくというわけにはいかないが、商品価値について深く追求できる。真面目に取り組んでいれば、リピーター増につながり、信用価値がつくだろう。

以上のように整理して考えてみると、縦軸の左側があなたの店の新規客に向けた販促内容になり、右側が既存客に向けた販促内容になることに気づくはずだ。

これらを理解したうえで、商圏内においてどれがいいとか、どれがダメということではない。**上手に使い分けをしていくのがベスト**だと言える。

サトーカメラの場合、「新聞折込チラシ」と「手配りチラシ」「チラシポスティング」「新聞広告」「ホームページ」「テレビ」「ラジオ」……というように、**たった1枚のチラシを、各媒体を連動させて使い込む**ことで、さらに反響を上げている。

03

直近1年間の売上を現場で把握する！

主力一番商品は、これまで述べてきたように、今の売上をさらに伸ばして局面を打開する商品だ。いわば「一点突破単品」ともいえるだろう。それでは、具体的にどうやって現場で売上アップしていけばいいのだろうか？

その第一は**主力一番商品の前年同月同週の売上をつかむ**こと。つまり、直近1年間について毎週間の売上数を把握できているかどうかである。

もちろん昨年のデータがわからなければ前月でもかまわない。主力一番商品を週間52週で比較できるようにしてみてほしい。

私たちは毎日超多忙だ。その中で将来に向かって日々追われている。だから、自店の足元をついつい忘れて、先へ先へと心も体も向いてしまう。

日々の商売は目先の売上に追われ、表面的な対応に追われっぱなし。自分の立ち位置、地域での自店の役割やポジションさえ忘れ、見逃してしまいがちである。

だから、自店の稼ぎ頭である主力一番商品の前年同月同週の売上数を把握し、現在と比較しながら自店の過去と現在を数値で比較して考えることで、売上アップの具体的なイメージが湧いてくるのである。

前年の同月同週の売上数がわかれば、今年の売上目標との対比ができる。

仮に、主力一番商品を昨年の第10週に100台売り上げたとする。それに対して、今年の売上目標を110台とすると、昨年対比110％となる。

大不況の今、店全体では昨年対比90％だとしても、この主力一番商品に限っては120％アップという強気の目標を立てることもできる。主力一番商品だけは週間販売台数を明らかにして、強気で攻めていってほしい。

具体的な数値があるからこそ、具体的な対策が打てるのだ。

売上予算は「年間売上—四半期売上—月間売上—週間売上—日売上—時間売上」とマクロからミクロに組んでいくのは当然だ。

しかし、店長レベルは売上予算を金額ベースで把握していても、現場レベルではそうではないことが多い。

売上予算がスタッフ全員に周知徹底されていないために、お客様が買う「主力一番商品」について、具体的に「何を何個」「どの商品をいつまでに何個」売ればいいのかが読めないのである。

店内全品とは言わない。まずは主力一番商品だけでもいいので、「1週間で何個の売上」など、現場ははっきりとした数値を設けて、それを売り切ることに集中してほしい。そのためには、集客一番商品を使った戦術を立てることが必要だ。

●売上を知ることがスタッフの行動を変えていく

みなさんの店の取り扱い品目はいくつあるだろうか。何百アイテム、何千アイテム、何万アイテムというのもザラだろう。

さらに同商圏内の競合ライバル店が3店、5店、10店とあるはずだ。この直接の競合店の店頭販売以外にも、間接的に競合する販売方法や商品があり、さらに数え切れないほどの競合商品が何十アイテムにも及び存在しているだろう。

そうした競争の中でお客様には自店で一番強い主力一番商品を、チラシを通して選んでもらわなければならない。

主力一番商品の販売実績は、チラシをただ作って配るだけではダメなのだ。チラシ制作を通して具体的に現場での行動を変え、主力一番商品に対する意識も変えていかなければ、業績がよくなることはない。

具体的には、さらに集客一番商品と主力一番商品の、1日の売上数と売上高を毎日カウントして、「一覧表」を作っていく。そして、その累計を毎日毎週追っていくのである。この一覧表は誰でも見えるところに貼り出してほしい。当たり前のようなことだが、このようなことを毎日実践している店は、必ず業績が上がっていくのである。

現場の行動を変えさせる仕掛け作りが、チラシのスタートアクションだ。チラシだけに頼って、お客様は勝手に来るものだと思っているただの「留守番店長」では困る。毎日具体的に実行できるように、POSで上がった数値データを自らの手で一覧表に書き出していこう。

店の関係者が、日々の集客一番商品と主力一番商品の売上を知ることが、一人ひとりの行動を変え、業績アップへとつながっていくのだ。

04

まずは店長やリーダーが率先して売って見せろ！

まずは集客一番商品と主力一番商品の二大戦略について、

①前年同月同週の売上個数と売上高を把握してデータとして持っている
②今年の同月同週の売上個数目標と昨年対比を把握して具体的な対策を考える
③その集客一番商品と主力一番商品を売り場の一等地に移す
④一等地で目立つ陳列をする
⑤その商品のよさ、売れている理由をＰＯＰで示し、チラシセールに合わせて販売のレベルアップを一気に図る
⑥実績を一覧表で示し、全員に周知徹底させる

というような一連の流れを確実に実行し、率先して店長やリーダー自らが売って見せることが重要だ。

だからといって、いつでも理屈通りに売れるとは限らない。ここで大切なことは、結果がどうなったかではなく、その結果をもとに部下にもきちんと見せて伝えて考えさせるということなのである。

たとえば、上手に売れたら素直に喜び、学んでもらえばいい。

苦労の末、なんとか売ることができたならば、その大変だった販売の事実を学んでもらえばいいじゃないか。

頑張ったが売れなかった事実があるなら、その事実を素直に受け止め、素直に学び、それならばどうすればよかったのか、言い訳をせずにみんなで学び考えるのだ。

そこから見える接客の改善や、新しいお客様の発見や、売り場の改革や、チラシの見直しといった、新たな気づきや発見が生まれるのである。

◉スタッフ一人ひとりが二大戦略商品の数値を把握しているか？

「リーダー自らが率先して売って見せる」ということは、何も店長としてカッコつけろということではない。

売ることは命がけだ。

お客様と対峙することによって新たな気づきを生み、新たな価値を生み出すことができるが、計算通りにはいかないものである。

店長やリーダークラスが広い意味での販売術、接客術を見せながら、具体的なモデルケースにしていけばいい。

そして、あなたが売って見せたら、次は「やらせてみる」ことだ。頭ではわかっていたって、体ではなかなかできないものだ。

実践できなければ、わからないのと同じこと。店長クラスになれば、スタッフが自分と同じレベルの接客や店作り、販売などができるように育てなければならない。

店長やリーダーの指導が1対1の個別指導であれば、**二大戦略商品を中心とした現場現物で具体的なOJTができる**。

スタッフの力を見抜いて、その力相応に指導し、教えたことができるようになるまで、現場現物で繰り返し指導してほしい。

スタッフ全員が二代戦略商品の数値を把握しているか？

1. 前年同月同週の売上個数と売上高を把握しているか？
2. 今年の同月同週の売上個数目標と昨年対比を把握して具体的な対策を考えているか？
3. その集客一番商品と主力一番商品を売り場の一等地に置いているか？
4. 一等地で目立つ陳列をしているか？
5. その商品のよさ、売れている理由を把握しお客様からの学び方を知っているか？
6. お客様の声や気づきや実績をもとに、ポスターやＰＯＰを自分で作って活用しているか？
7. 実績一覧表を見て自らの売上アップに活用しているか？

二大戦略商品を中心とした現場現物でのＯＪＴは、スタッフ一人ひとりの持つ総合的な力や、その質的な違いを把握する能力がつく。

また、こうした1対1の教育指導を行なうことで、店長やリーダー自身も鍛えられる。

「教えることが自分にとって最高の勉強法であって、そこから学ぶことが一番多いです」とサトーカメラの各店長は口を揃えて言う。

店長やリーダーは諦めずに、指導を続けていかなければならない。

05 朝礼と終礼で二大戦略商品を全員に意識づけろ！

1つの行動を徹底させるためには、

①1対1の現場現物での具体的なOJTを通して本気本音で関わる

②1対全員で周知徹底させる

という2つのコミュニケーションを、毎日毎日手を変え、品を変え、根気よく続けていくこと。

そのために、毎日の朝礼で意識づけからスタートし、1日1日をしっかり実行し、その結果を終礼で締め、次へと成長させていくことだ。

たとえば、心赴くままになんとなく行動し、行動内容のスタートも締めもないような活動だったとしたら、それは仕事などではなく、遊びでしかない。

まずは集客一番商品と主力一番商品の売上アップのために、週間単位で今すぐやるべきことを実行する。そして、少しは成果を感じてきたら、次は今月やるべきことというように、少し長いスパンに目を向けていこう。

その第一は、**集客一番商品と主力一番商品の年間計画を、昨年対比120％以上で組む**という計画作りだ。

当然のことながら、店の成長の柱として、これらの二大戦略商品の目標達成に全員で集中することが自店の商圏シェア拡大につながり、業績改善や成長への突破口となる。

しかし、昨年と同じ対応をしていては、売上はすぐに90％に下がってしまう。ということは、「目標120％－（現状のままだった場合）90％＝30％」分の「＋α」をリーダーである店長自ら、二大戦略商品を突破口に売っていくことが必要だ。めざすべきは、店長自身が店内シェア一番の26％以上を達成することである。

そのためにはお客様に学び、具体策を打つべきだ。まずは、以下のことを改めて見直してほしい。

①二大戦略商品

もう一度、集客一番商品と主力一番商品について、機能性能を調べ尽くし整理して、商品そのものの価値を知ること。

②販売の数値化

販売数目標と現状の数値を週間と月間で捉え、毎日実売と目標を確認させる。その数値から具体的に何をするのかを考えさせる。

③売り場

集客一番商品と主力一番商品は売り場コーナーを他商品の3倍以上広め、目立たせること。売り場の特徴は、触れたり、見られたり、感触を確かめたり、とにかく体感できる醍醐味を味わうことができるところにある。

④ポスター

サービス性価値とあなたの個性価値を活かして、際出つキャッチコピーを自分の言葉で作り、商品の存在を知らしめる。

⑤POP

その商品のサービス性価値＋あなたの個性価値をあなたの言葉で存分に際立たせよう。3倍大きいPOPでお客様にそのPOP1枚で勝負せよ！

⑥手配りチラシ

セール期間中はチラシを一人ひとり手配りで手渡す。新聞をとっていないお客様やチラシを見ていなかった地域のお客様からすれば、最高の情報を教えてもらったことになるから、お客様からすればうれしい。

その手配りチラシの枚数が、主力一番商品や集客一番商品を告知した人数にもなる。各自に1日何枚手配りチラシを配ってどういう反応をもらったのかも検証しながら、手配りチラシの手渡し方なども研究していこう。

⑦接客シミュレーション

①～⑥までの一連の流れを踏まえて、店長やリーダーが自らお客様に学んだ接客方法をみんなで練習する。

お互いがお客様になりきり、店長やリーダーの接客を受けることでお客様の気持ちを知り、それを自らの接客に活かしていく。

これら一連の動作を通して、店長やリーダーに担当者まで全員が二大戦略商品にこだわる店へ変貌させる。

店長やリーダー自らが現場で率先して売っていかなければ、その商品の本当の意味での

大切さはスタッフには伝わらない。

最終的には、店内全体が「商品にこだわる集団」という風土になっていき、部下が各自の集客一番商品や主力一番商品を力に合わせて売っていくということが、ごく普通に行なわれるはずだ。

トップから店長やリーダーだけではなく、スタッフまで自分たちで売ることのおもしろさを知るのである。

3カ月も経つと、現場の販売力も倍増し、本物の商売の楽しさを知ることは間違いないだろう。こうした仕掛け作りは、必ずチラシに活かされていく。

06 チラシは売上アップの最高の教科書だ！

チラシ1枚を使って毎月毎週毎日このキャンペーンの意味を説く。なぜやるのか？　なぜそうなのか？　市場は？　目標は？　現状は？　お客様は？　一つずつ突き詰めながら紐解きながらスタッフ一人ひとりに説いていく。この特典の意味は？　このサービスの意味は？　この仕組みは？　この商品の価格は？　競合は？　それに対する対策は？　それらの繰り返しがスタッフ育成であり、結局はそれらのアウトプットが店長にとっても一番の勉強となるのだ。

サトーカメラの勉強会では、毎週最新のチラシを教科書にして、二大戦略商品の一つひとつを徹底的に紐解いていく。

チラシは自社にとっての最新情報がたくさん詰まった、自社の柱である二大戦略商品の戦術を学べる教科書なのだ。

そこから学んだことをもとに、現場では各自の実売データを、チラシを台帳にして自己管理している。

だから現場では、毎日いつでもどこでも各自が商品について検証でき、売り場やチラシの改善策が現場レベルでどんどん生み出されていく。

◉だからチラシが売上を伸ばしていく!

このように全店で、現場共通の「自店セールの見える化」を図っていこう。現場でチラシ商品を選び出し、チラシを制作し、それを現場でトコトン活用する。そして、チラシを販売の教科書にして人材を育てていく。

それが最終的には商品を育てることになり、新しいお客様の創出につながっていくのだ。

たかがチラシ、されどチラシ。

さあ、みなさんも今日からたった1枚のチラシを通して業績アップ、現場の意識改革にチャレンジしてほしい。

おわりに

1988年、私が23歳のときに、両親がやっていた町の小さなカメラ屋を兄と継ぎました。それからサトーカメラをカメラ専門チェーンに業態を変え、一気に地元栃木のマーケットを席巻してきました。

2000年に日本販売促進研究所を設立し、経営コンサルタントとしても二足のわらじを履くことを決心。「はじめに」でも触れたように、そこからは休みを返上して全国を飛び回るようになりました。

中小企業経営者と経営コンサルタントとして、24時間365日、2足のわらじを履き続けて10年が経ちます。その間、カメラ業界ではフイルムの終焉を経験。140年もの歴史も文化も一気に消し去られ、まさにデジタル時代への大変革でした。業界自体も毎年縮小の道をたどり続け、問屋はほとんどが倒産、メーカーも自分の食いぶちを守るために「当社から商品を仕入れたければ保証金を寄こせ」と言ってくる。家電量販店との仁義なき戦いも終焉の気配すらなかった。

そんな中、やっとの思いで国内の業界のみならず、全世界や他業界など新たな仕入れルートを開拓し、ようやく形が見えてきたところでリーマンショックに打ちのめされ……。それでもようやく今度こそはと立ち直り始めた瞬間、２０１１年3月11日の想像を絶する東日本大震災。サトーカメラのある栃木県では震度6強を記録しました。

その被害総額はハンパないものでした。しかし、われわれ経営陣の給料は削ってでも、サトーカメラで働くアソシエイトに対してリストラは一切しませんでした。

毎日が勝ったり負けたり、逃げられたり騙されたり、決して順風満帆な人生を送ってなんかいません。でも、それが私の楽しい人生であり、中小企業経営者としてエキサイティングでスリリングな道だと思っています。

何もラクになりたくて仕事をしているわけじゃないし、セミリタイヤして自分だけヌクヌクとご隠居生活をしたくて仕事をしているわけじゃないしね。

セミナーなどで、「佐藤勝人さんは、毎日休みもなくて、仕事疲れはないんですか?」という質問をいただくことがありますが、私が思う仕事疲れというのは、「精神的疲れ」と「肉体的疲れ」の2つからくるものだと思います。仕事で疲れるというのは、いつもより頑張りすぎるから肉体的に疲れる、その肉体疲労が溜まって精神的な疲労につながるケースが多いでしょう。

だから、私はいつも肉体的には無理をしないことにしているのです。それが精神的にも疲れない秘訣です。いつでもどこでも佐藤勝人は佐藤勝人のペース。その代わり、頭脳や思考力は休ませることはありません。いつでも頭をフル活動させ、どんな無理難題でも解決しようと挑んでいきます。

十数年前、アメリカである世界的に有名なカメラレンズメーカーの創業者一族とホテルで会食をしたとき、このようなことを言われました。

「世界では24時間365日戦えない経営者は通用しない。あなたは今、日本で24時間365日戦っていますか？」

これは衝撃的でした。世界で戦う経営者のそのストイックさがカッコよく思えました。このとき、「私も世界で戦える人間になりたい。世界で戦える経営者になろう」と決めたのです。

現在は、全国でセミナーや講演を行ない、ありとあらゆる業種業態の大・中・小規模の会社の経営者からパートさんまでを指導してきて、その数は10万人を超えました。店舗視察も5万店舗を突破し、また移動の多いおかげで車中は大好きなビジネス書三昧で2000冊を突破。このような日々の積み重ねが、現場で得た自分の思考を整理するのに役に立っているのだと思います。

これらの実戦の積み重ねが佐藤勝人の源です。2足のわらじを履いたおかげで、中小企業経営者としても経営コンサルタントとしても幅が広がり、自らの経営最大の危機をもなんとか乗り越えてきたのだと思います。

この本に書いた内容は、私自身がどんな環境の変化に対しても目を背けず、自分の商品を見つめ直し、商圏から逃げずに、「たった1枚のチラシを通して」自らの手で新たなマーケットをこじ開けてきた、地に足ついた実戦法だということは言うまでもありません。

一度や二度、この本の内容を実践してみたところで、そう簡単にうまくいかないかもしれません。だから、何度でも何度でも読み返してください。そして、この売れない時代にこそ、チラシを通してあなたが新たなマーケットを、あなたの町でこじ開けてください。

それでは、みなさんの結果報告を待っています。

日本一のチラシプロデューサー・経営戦略コンサルタント　佐藤勝人

著者略歴

佐藤勝人（さとう　かつひと）

サトーカメラ株式会社 代表取締役専務、日本販売促進研究所 経営コンサルタント
1964年栃木県宇都宮市生まれ。ありとあらゆる業種業態において、たった1枚のチラシで会社経営まで改善する手法によって、"日本一のチラシプロデューサー"としても評価が高い。1988年23歳で家業のカメラ専門店を大型専門店へと業態を変えて親兄弟だけで、社員ゼロから「サトーカメラ」をスタート。2000年、35歳で「日本販売促進研究所」を設立。2004年、「サトーカメラ」代表取締役専務に就任。現在、栃木県内で18店舗、個性豊かなアソシエイト150名を率い、北関東家電安売り戦争で有名な同県で業界売上14年連続北関東甲信越No. 1を達成。日本で初めて、販売促進を通して「経営者の考え＝社員＝売場＝商品＝お客様」をつなげて体系化した。
著書として、『本物商人・佐藤勝人のエキサイティングに売れ！』『チラシで攻めてチラシで勝つ！』(同文舘出版)、『日本一のチラシはこうつくれ！』(文芸社)、『「一点集中」で中小店は必ず勝てる！』(商業界)などがある。

◎ Blog 「佐藤勝人の経営一刀両断」: http://katsuhito.exblog.jp/
◎講演・セミナー・個別指導のお問い合わせ：katsuhito@satocame.com

売れない時代は「チラシ」で売れ！

平成23年10月5日　初版発行

著　者 ―― 佐藤勝人
発行者 ―― 中島治久

発行所 ―― 同文舘出版株式会社

東京都千代田区神田神保町1-41　〒101-0051
電話　営業03（3294）1801　編集03（3294）1802
振替00100-8-42935　http://www.dobunkan.co.jp

ISBN978-4-495-59351-3

印刷／製本：萩原印刷
Printed in Japan 2011